用文字照亮每个人的精神夜空

数字经济时代
MBA口袋课

分析与决策

〔日〕顾彼思商学院 著
〔日〕岛田毅 执笔

朱悦玮 译

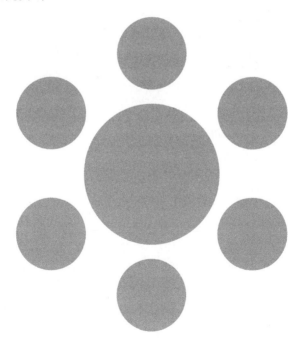

天津出版传媒集团

天津人民出版社

图书在版编目 (CIP) 数据

分析与决策 / 日本顾彼思商学院著;(日) 岛田毅
执笔;朱悦玮译 . —— 天津 : 天津人民出版社, 2023.10
（数字经济时代 MBA 口袋课）
ISBN 978-7-201-19769-2

Ⅰ . ①分… Ⅱ . ①日… ②岛… ③朱… Ⅲ . ①企业管
理 – 经营决策 Ⅳ . ① F272.3

中国国家版本馆 CIP 数据核字 (2023) 第 172260 号

［POCKET MBA］TADASHII ISHIKETTEI NO TAME NO "BUNSEKI"
NO KISO GIJUTSU
Copyright 2018 by GLOBIS
All rights reserved.
First original Japanese edition published by PHP Institute, Inc., Japan.
Chinese translation rights arranged with PHP Institute, Inc., Japan.
through CREEK & RIVER CO., LTD. and CREEK & RIVER SHANGHAI CO., Ltd.
图字02－2022－189号

分析与决策
FENXI YU JUECE

出　　版	天津人民出版社
出 版 人	刘　庆
地　　址	天津市和平区西康路 35 号康岳大厦
邮政编码	300051
邮购电话	（022）23332469
电子信箱	reader@tjrmcbs.com

责任编辑	李　荣
封面设计	欧阳颖

印　　刷	北京金特印刷有限责任公司
经　　销	新华书店
开　　本	889 毫米 ×1194 毫米　1/32
印　　张	6.25
字　　数	100 千字
版次印次	2023 年 10 月第 1 版　　2023 年 10 月第 1 次印刷
定　　价	45.00 元

前言

在这个世界上，分析可以说无处不在。比如在职场中就随处可见分析资料。绝大多数商务人士对分析这项工作十分熟悉。

分析的目的是什么呢？有些年轻的商务人士或许会回答"因为这是上司的指示"，但这种目的过于被动，对提高自身的能力并没有帮助。包括分析在内的所有商业活动，都必须拥有明确的目的意识。在经营中，分析并不是目的，而是达成目的的一种手段。必须时刻牢记这一点。

那么，分析的目的究竟是什么呢？严格来说，分析的目的多种多样，但在商业活动中，分析的目的基本可以分为以下两点。

1.做出正确的决策。

2. 使组织朝着正确的方向前进。

事实上，不进行分析，仅凭直觉开展商业活动，最终导致失败的例子不胜枚举。比如，明明只要稍微分析一下竞争情况就能发现自己企业取胜的概率很低，却被市场的增长率蒙蔽了双眼，大举进军市场，结果无法取得理想的市场份额，最终只能草草收场。

或者对现有产品销量下滑的原因不进行仔细分析，而是盲目听信个别消费者的意见，结果采取了错误的对策。

在企业经营的过程中，经营者必须连续不断地做出决策。对于可能在某种程度上对组织产生巨大影响的决策，更需要严谨的分析做支撑。

在决策之前进行严谨的分析，不但能够做出更加正确的决策，还可以使组织朝着正确的方向前进。因为有说服力的分析，更容易得到组织成员的接受并提高成员们的工作热情。

"我提议……因为根据我的分析得出了结论1，此外还得出了结论2"，这种说法更容易说服对方。

如果只是说"我想这样做，需要你的帮助"或者"我想那样做"，而不进行具体的解释和说明，不仅很难让其他人接受，也无法提高他人的工作热情。在这种情况下，即便决策是正确的，也难以取得理想的结果。

以前有一位著名的职业棒球教练被人讽刺为"直觉脑"。因为他虽然一切都清楚，但却无法对战术安排进行准确的说明，导致选手们很难理解他的意思，所以比赛经常失败。

由此可见，除了正确的决策，要想说服他人并赋予动机，作为根据的准确分析也是必不可少的。

◎怎样才算优秀的分析（1）

怎样的分析才算优秀的分析呢？参照前文中提到的两个目的，优秀的分析应该能够得出正确的决策并具备说服力。

即便能够得出正确的决策，但稀松平常的分析或者任何人做都能够得出相同结果的分析基本没有任何附加价值。比如决定停止存在巨大赤字并且对其他事业没有任何正面影响的事业的决策确实是正确的，但这是任何人都能够得出的结论，因此没有多少附加价值。

什么样的分析才有巨大的附加价值呢？在商业活动中，下面这样的分析就比较有价值。

· 对大家都认为"可行"的方案进行仔细分析之后，发现其实有损企业价值。

· 通过分析发现原以为有效的措施其实没什么效果。

· 通过分析发现原以为盈利的产品其实没有预想中那么高的利润，或者销量越高亏损越大。

· 通过分析发现计划收购的企业存在问题。

· 关于应该优先投入经营资源的项目，大家都赞成投给 A，但经过分析发现应该投给 B。

· 通过分析发现了意料之外的相关关系。

这些都是笔者曾经经历过的事情，当大家都根据经验和直觉认为"应该……"的时候，能够改变大家观点的分析就具有很高的附加价值。

具体来说，有附加价值的分析应该能够带来以下的结果。

1. 颠覆众人的常识，或者提出新的有意义的启示。

2. 在假设（以及答案）比较模糊的状况下指明应该前进的方向。

首先来看1，比如"本以为盈利的产品其实并没有盈利"的情况。在这种情况下可以利用管理会计方法之一的ABC成本法（基于活动的成本管理）对产品的成本进行准确的分析，就会发现存在的问题。

ABC成本法能够将难以分摊到特定商品上的间接成本（比如负责多个产品的员工的人工成本）准确地分摊到产品上。

很多企业都用"概算法"，按照销售额和直接成本（生产该产品所花费的成本）成比例地分配间接成本。这样一来，销售额和直接成本越多的商品，承担的间接成本也越高。

但这就导致非常花费时间和精力的特别定制品比大批量生产的标准品看起来利润率更高。

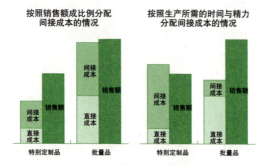

按照销售额成比例分配
间接成本的情况

按照生产所需的时间与精力
分配间接成本的情况

前言 –1 特别定制品其实并不赚钱?

这实际上很有可能只是一种错觉。如果将花费的时间和精力等间接成本准确地分摊到特别定制的商品上,就会发现特别定制的商品取得的利润低于花费的成本,卖得越多就赔得越多。如图表前言 –1 所示。

再来看一看"发现意料之外的相关关系"的情况。

在美国的职业篮球联赛中,人们曾经认为从小就生活在贫困环境中的非裔球员能够取得更大的发展,因为"出身于贫困家庭的选手会更加努力"。但经过实际的调查发现,小时候生活水平比较高的选手成绩更好。因为生活水平高的选手营养状态更好,身材更加高大,整体素质更高。

由此可见,即便是显而易见的事情,人们也容易被特殊事例所吸引而得出错误的结论。近年来，中室牧子所著的《"学力"经济学》（2015年，Discover 21）十分畅销，这也是因为"教育"是一个很容易使人产生错觉的领域，基于事实的分析往往与绝大多数人的"常识"完全不同。

接着是2，在假设比较模糊的情况下，也就是连经验和直觉都难以发挥作用的情况下指明前进的方向。比如在相关信息很少的海外地区开展事业，必须对之前从未尝试过的新经营方法的效果进行分析。

假设国内某 IT 企业打算将业务外包给海外人工费比较便宜的国家，因为许多欧美企业都进入了捷克和波兰市场，那么这家企业是否应该效仿欧美企业也将业务外包给这些国家呢？恐怕没有人能够立即给出答案吧。

要想回答这个问题，必须事先收集信息并进行分析，比如将捷克、波兰与越南等日本企业比较容易进入的亚洲新兴国家市场进行比较，最终做出决定究竟是去捷克和波兰还是选择亚洲国家。

在上述的情况中，分析之前进行的信息收集非常重要，而分析反而非常简单。因此，如果没有充分地收集信息，就很难得出有用的结论。

由于信息收集与分析属于表里一体的关系，所以在本书中也会用一定的篇幅对信息收集进行解说。

◎ **怎样才算优秀的分析（2）**

让我们换一个角度再来思考一下怎样才算优秀的分析。优秀的分析应该能使人朝着正确的方向前进。

那么，什么样的分析才能使人朝着正确的方向前进呢？

其中包括多种要素，最重要的一点就是要让对方能够接受分析的结果，认为分析的结果是正确的。

也就是说，除了分析的结论，还要明确逻辑展开的过程，这样才更容易使人接受。这种通过逻辑展开进行的分析就是优秀的分析。反之，不管多么新颖的发现，如果不能使人行动起来，自然也就没什么价值。

比如学生 B 想要考取 A 大学的医学部。为了能够通过考试，他需要说服家人同意他参加预备学校的暑期培训。但因为他的家庭并不富裕，要想说服家人同意支付培训费，必须拿出有说服力的根据。

在这种情况下，如果你是学生 B 的话，应该如何进行分析呢？

或许很多人会像下面这样分析。

- 把握 B 的学力。

- 预测暑期培训的效果（通过预备校的评价等）。

→通过 A 大学医学部考试的可能性能够增加多少（1）。

→能够使自己的收入增加多少（2）。

- 预备校的学费（3）。

→通过对（2）和（3）进行比较，计算出性价比。

虽然"预测培训的效果"并不容易，但只要对与 B 拥有同等学力的人通过培训之后提高了多少分数进行调查，就能使这个预测具备一定的说服力。

不过，上述分析并没有对"为什么要去 A 大学"这个问题进行解答，一旦家人提出"去其他更容易考上的大学不就行了吗"的疑问，为了突出 A 大学的必要性，还需要进行相应的分析。

这个分析的关键在于通过逻辑展开使"只要进行这些

投资，根据过去的数据，可能会取得这些回报"这一因果关系变得更加明确。过去的事实证明只要去这所预备学校就能够在一定程度上提高分数，这就是提高说服力的关键。

也就是说，如果有明确的根据而且这一根据中包括有较高必然性的因果关系，就很容易得到对方的认可（例如图表前言 –2）。

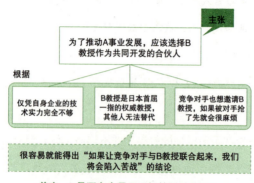

前言 –2 是否存在易于理解的因果关系？

不过，在实际的商业活动中，像这样拥有丰富先例的情况并不多见。因此往往不得不用一定程度的推测来作为前提。

即便如此，在进行分析的时候也要尽可能地让对方认可你的推测。

比如想要销售某种小众商品的时候，最常用的方法是先推出 PB（private brand，以零售店的品牌推出的廉价商品），增加商品在零售店的曝光度以及消费者的消费机会，让消费者习惯这个商品种类。诱使消费者产生出"这种商品还不错，希望能够买到知名品牌的同类产品"的想法。朝日的碳酸饮料"WILKINSON"就凭借这种方法取得了成功。

假设某啤酒生产企业打算将一种全新种类的啤酒引进日本，在这个时候可以用前面提到的那种营销方法吗？

虽然以其他类似的事例作为根据是很常用的方法，但以碳酸饮料作为根据的话恐怕没什么说服力。碳酸水原本是用来稀释威士忌的，但后来人们发现"将稀释后剩下的碳酸水直接喝掉还挺好喝的"，于是碳酸水就这样开始在市场上流行起来。也就是说，碳酸水的流行并不能算是类似事例。

此外，日本人普遍认为 PB 的啤酒虽然价格便宜但品质不佳，因此要想通过 PB 来推广这款啤酒，除了商品种类，还需要其他一些条件。

因为在逻辑展开时如果不能提出有说服力的因果关系，就无法达到让他人行动起来这一分析的最终目的。所以在这种情况下，采取其他的市场营销手段或许更加有效。

◎分析的步骤

首先让我们来看一个错误的分析步骤。

• 没有明确的目的，盲目地查询数字。

• 进行许多毫无意义的工作。

• 将分析目的化，过度追求细节。

这样的分析很难在商业活动上取得附加价值。

为了避免出现这种情况，按照图表前言–3的步骤来进行分析更容易取得理想的结果。

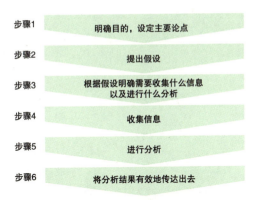

步骤1	明确目的，设定主要论点
步骤2	提出假设
步骤3	根据假设明确需要收集什么信息以及进行什么分析
步骤4	收集信息
步骤5	进行分析
步骤6	将分析结果有效地传达出去

前言 -3 分析的步骤

根据实际情况，步骤的先后可能需要稍微调整，毕竟经营是动态的，在经营的过程中需要不断地调整方向。此外，这个步骤并不是一次性的，而是需要在过程中不断地补充和完善。

尤其是在分析比较复杂的问题时，甚至需要不断地重复这一过程（特别是从1到5）。

本书在第一章中先对步骤1到步骤3进行说明，在第二章专门对步骤4的收集信息进行解说。从第三章开始，对作为本书主题的分析（步骤5）进行详细的说明。另外关于步骤6的可视化方法，市面上有许多书籍都有非常详细的说明，大家可以参考。

目　录

第1章

进行分析之前需要做的事

在本章中，我将针对分析之前需要做的事进行说明。内容主要包括以下三点。

1. 明确目的，设定主要论点。

2. 建立假设。

3. 根据假设，明确需要收集什么信息以及进行什么分析。

【进行分析之前需要做的事①】

◎明确目的，设定主要论点

大家都在什么样的时候进行过分析呢？如果是企业经营者的话，可能在开拓新客户的时候，需要对客户企业的经营状况，以及与客户洽谈时的有效话术等内容进行分析。

如果是智囊团的成员，可能是为了完成政府机关委托的"2020年度某产业动向"之类的报告而进行分析。

这些分析都有比较明确的目的，尤其像后者那样可以参考过去类似报告的分析，基本不会出现因为搞错了目的而导致重大失误的情况。

但同时，也有不少商务人士在没有搞清楚目的的情况下就急于开始分析。比如上司对年轻的员工说"去调查一下这个"，结果有的人提交的分析报告和上司想要的完全不同。

导致出现这种情况的原因其实非常简单，在指示他人进行分析的时候，如果不同时说明分析的意图，对方就会根据自己的理解去进行分析。

比如你是一个在东京都内北部地区拥有几家店铺的连锁餐厅的员工。如果社长对你说"对埼玉县进行一下调查"，那你会怎么做呢？

可能很多人首先想到的是"社长计划在埼玉县开店吗？那么就调查一下当地的市场情况和竞争情况吧"。这样的人或许会去调查当地的市场规模，将存在的主要竞争对手都列举出来。

更聪明一些的人还会将埼玉县中有一定市场规模但竞争不太激烈的地区都列举出来。

不过，就算社长的意图真的是打算开设新店铺，但因为下达的指示过于笼统，所以员工提交的调查报告可能与他预想中的结果存在很大的偏差。

如果社长能够给出明确的指示，比如"我想在未来一两年内在埼玉县新开5家店铺，请帮我找出10个合适的位置"，那么员工们的分析结果就不会出现太大的偏差。

最糟的结果是员工的理解与社长的意图完全不同。比如员工以选择开店位置作为分析的目的，社长想要知道的却是以下的内容。

"我们连锁店的顾客很多都住在（附近的）埼玉县。我想知道埼玉县当地的间接竞争对手的情况。"

"我们连锁店的顾客很多都住在（附近的）埼玉县。我想开发一些适合他们饮食习惯的餐品，希望调查一下东京和埼玉的饮食差异。"

"我的嫂子被选为埼玉县议会的候选人。虽然我想助她一臂之力，却完全不了解当地的情况，希望稍微调查一下。"

虽然最后那个例子有点以公谋私，并不是正确的行为，但在实际的生活中，有这种想法的社长肯定也是存在的。在上述情况下，以选择开店位置作为分析的目的就是白费力气。

事实上，像这样不符合委托方意图的分析结果十分常见。尤其是职场新人更容易出现这样的错误。这都是没有事先明确目的导致的。

任何商业活动都是有目的的。不管是别人委托你做的事，还是自己主动去做的事，在进行分析之前都必须明确"我为什么要做这个分析"。

明确了目的之后，接下来就要设定主要论点。尤其是对于商业活动中常见的"为了做出决策而进行的分析"来说，设定主要论点就显得更加重要。商业活动中的决策一般都是为了让组织向正确的方向前进，因此必须搞清楚应该做什么，并且正确设定组织的"应有状态"。

分析最常见的目的就是解决问题。这里所说的"问题"，包括显而易见的麻烦、进展不顺利的状况以及没能达成的目标。比如去年销售额30亿日元的部门今年制定了销售额40亿日元的目标，然而距离年终结算还有不到2个月的时间，全年销售额预计只有37亿日元，这就是出现"问题"的状态。

在这种情况下，主要论点和"应有状态"都一目了然。主要论点就是"如何才能达成40亿日元的销售目标"，"应有状态"则是"销售额达到40亿日元"。

但如果经过分析之后发现，不管如何努力，到年终最多只能达到38.5亿日元的销售额，那么就需要将"应有状态"调整为"销售额达到38.5亿日元"，而如何实现这一目标就变成了主要论点。像这样需要对主要论点和"应有状态"进行调整的情况，在实际的商业活动中十分常见。因为经营环境时刻都在发生变化，必须根据实际情况进行适当的调整。

但有的时候，"应有状态"并没有这么明显。最典型的例子就是，有多名参与者的情况下，每个人认为的"应有状态"都各不相同。

比如名牌大学的毕业生都不愿去某企业就职，该企业的经营者希望解决这个问题。在这种情况下，"应有状态"是什么呢？可能每个人给出的答案都不一样。

• 招聘若干名牌大学的毕业生。

• 将较知名大学的优秀毕业生的招聘人数增加到若干人。

• 构筑即便没有名牌大学毕业生也能让企业实现增长的体制。

• 改变重视毕业院校名气的企业文化。

假设你是人事部负责招聘的课长，社长、主管人事的高层领导以及人事部部长分别认为"应有状态"是前面提到的1、2、3，那你在开始进行信息收集和分析之前应该怎么做呢？在这种情况下，设定"应有状态"非常困难。

设定"应有状态"就相当于设定课题。人们常说"只要设定了课题，想达成非常容易"，但有时候设定课题往往是最难的。

当意见存在分歧的时候，在开始收集信息和进行分析之前，必须与相关者确定"应有状态"和"应该解决什么问题"。

如果由于某些原因无法确定，那就自己建立"应有状态"的假设，然后以此为基础收集信息并进行分析。比如你支持"构筑即便没有名牌大学毕业生也能让企业实现增长的体制"的观点，那就将其作为"应有状态"，并以此为基础展开工作。不过，这样做有得不到社长认可的风险。

通常情况下，职位越高的人，眼光越长远、视野越开阔。所以他们眼中的世界以及对公司的想法，往往和基层员工完全不同。在开始工作之前必须考虑到这一点，否则辛苦完成的工作可能都是白费力气。

历史上最伟大的科学家之一爱因斯坦曾经说过，"绝对不能失去好奇心"。

好奇心不仅在科学领域非常重要，在商业活动中也同样重要。如今在世界范围内总市值名列前茅的几个企业无一例外都是互联网企业，但互联网在20世纪90年代初刚刚出现的时候，还只是一个充满了不确定性的技术，没有人想到它会发展得如此迅速。而那些充满好奇心并敢于追求全新可能性的人，则通过互联网技术获得了巨额的财富。亚马逊的创始人杰夫·贝索斯就是其中的代表。他认为"像孩子一样充满好奇心和探索心是实现革新的关键"。

在这个周围环境不断发生剧烈变化的时代，对新事物保持好奇心，积极接受全新的信息，一定能够给自己带来关于新产品、新服务以及业务改善的启发。也就是说，在目的非常明确的情况下，从目的出发收集信息固然非常重要，但并不是任何时候都有非常明确的目的。

在商业领域有一种叫作"标杆分析"的方法，具体指的是将自身企业的各项活动与该项活动的最佳企业进行比较，从而找出行动方法，以弥补自身的不足。（比如"宅急便"的创始人小仓昌男在事业开发初期，就参考了牛肉饭连锁店吉野家以及航空公司 JAL。）

只关注自己行业的人，很难想出非凡的创意。只有保持好奇心，积极了解其他行业最新动向的人，才能想到更多的可能性。

在保持好奇心的同时，将收集到的信息真正地利用起来也非常重要。在他人的指示下收集到的信息并不会引起自己的关注，即便对其进行分析也无法得到新发现。

而出于自身的好奇心去主动收集的信息，则是自己真正想要了解的内容。因此我们会主动去理解信息，并想要收集更多的相关信息。结果就是从中得到有用的启发，并且能够引出有意义的行动。

但需要注意的是，在保持好奇心的同时，不能将好奇心本身当作目的，在实际的工作中必须保持好两者的平衡。

【进行分析之前需要做的事②】

◎建立假设

在明确了目的、主要论点以及"应有状态"之后，接下来就是根据论点建立假设（或假设的答案）。一般情况下，对于自身企业或自身行业的问题，都比较容易根据现有的信息建立起合适的假设（对于完全不了解情况的海外市场，需要事先进行调查以获取基本信息，至少保证能够建立起初期的假设）。然后为了验证假设，就要收集信息并进行分析。

或许有人会说，"谁能一开始就知道答案呢"。但需要注意的是，这只是一个"假设"的答案。因为是假设，所以经过验证之后可能被证明是错误的。我自己也经常遇到这样的情况。虽然存在建立错误假设的风险，但与不建立假设就盲目地收集信息并进行分析相比，反而是建立假设再进行验证的方法效率更高。

像这样以假设（以及验证）为基础对事物进行思考的方法被称为假设思考法。假设思考法是得到许多管理顾问们在实践中证明过的方法，拥有非常强大的力量。

接下来让我们看一下假设的具体例子。

（例1）

主要论点：如何才能使顾客满意度达到目标值？

假设：现在的服务水准参差不齐，应保证服务水准统一，同时与顾客沟通，让顾客不要对服务水准抱有过高的期待。

（例2）

主要论点：是否应该从A事业撤出？

假设：A事业虽然亏损，但在该领域的技术必须维持，可以缩小规模，将损失控制在最低程度。

（例3）

主要论点：应该给新调来我们营业部的B先生安排什么工作呢？

假设：先安排他以实习生的身份担任 C 组的助理，半年后逐渐安排他去现场工作，1 年后提拔为正式的营业负责人。

在建立假设时需要注意的是，假设的内容要尽可能清楚明白。比如以下这些假设，就因为内容过于模糊，非常不利于后续的分析工作。

（例1）

模糊的假设：虽然有可能但不清楚方法。

（例2）

模糊的假设：或许继续保持更好。

（例3）

模糊的假设：是否应该首先从在职培训（OJT）的实习开始？

这些假设与之前的那些假设相比，绝对不能说是"错误的"。但因为内容过于模糊，让人很难以此为基础展开后续的工作。

很多人可能担心，"如果我说得太清楚，一旦错了该怎么办"。

不习惯假设思考的人，可能认为假设了错误的答案，会导致出现重复工作，影响工作效率。而且不习惯假设思考的人在刚开始尝试这种方法时也确实会经常做出错误的假设。

但只要坚持进行假设思考，就能提高自己的假设能力，使自己的假设越来越准确。最终的结果就是工作效率得到大幅提升。

有的人习惯假设思考法可能需要几个月，有的人可能需要几年，但只要习惯了这种方法，就能在工作中发挥出巨大的作用。所以请大家一定要坚持"根据现有的信息，建立假设并进行验证"的工作方法。

专栏：展开商业活动时可以根据实际情况调整方向

在展开一项新的商业活动时，效率往往是决定成败的关键。在这个时候，如果花费太多的时间在事前的调查和分析上，很可能被竞争对手抢得先机，导致自己失去有利的位置。而且新的商业项目通常都具有极高的不确定性，不管在事前的分析和验证上花多大的力气，也经常会遇到"必须实际尝试一下才知道结果"的情况。

这个时候，最常用的方法是"先建立一个商业模型（商业活动的结构，包括目标顾客群体、为顾客提供的价值、提供价值的方式、获取利润的方法等），按照这个模型实际展开商业活动，并根据实际情况对方向进行调整"。也就是说，在实践中验证商业计划和商业模式是否有效。

在生物学等自然科学领域，为了对假设进行验证，有一种被称为"实验"的验证方法。从某种意义上来说，先建立商业模型并在实际展开中进行调整，就是一种"实验"。很多开展店铺型商业活动的大型企业，都拥有几家"实验店"，在其中对新商品和新服务的销售等情况进行验证，这也属于同样的方法。

如果经过验证发现这种商业模式行不通，就要及时地进行调整，然后再继续对其进行验证。不仅大型企业在开展新事业的时候会采取这种方法，很多初创企业也都喜欢用这种方法。

比如现在社交游戏领域的知名企业德纳（DeNA）和

格里（GREE），原本是以在线拍卖和社交网站作为主要业务的企业。但在事业展开的过程中，他们发现当前事业缺乏收益性和增长性，于是及时地进行了调整，转而向社交游戏领域发展。

【进行分析之前需要做的事③】

◎根据假设明确需要收集什么信息以及进行什么分析

在这里需要注意的是，不要急于去收集信息和进行具体的分析，而是要先思考为了使假设成立需要在怎样的"框架"中对事物进行讨论。

图表1-1 讨论是否录用的框架示例（1）

比如主要论点是"是否应该录用 A 先生",当前的假设是"应该录用",那么需要提出什么样的"根据",才能说服其他人都同意录用 A 先生呢？

根据实际的情况（行业、位置以及录用的紧急度等），框架需要进行相应的调整。假设 A 先生是有一定工作经验的员工，可以采用图表1-1所示的框架。

接下来，就是按照这个框架来收集信息并进行分析。比如"个人能力"方面，需要确认 A 先生掌握的技能，以及他在之前的企业取得的成绩。以此为基础，就可以大致地推断出他是否符合自身企业的要求。比如出版社要招聘一名编辑，只要看一看应聘者之前都编辑出版过哪些书籍，就能大致了解他／她的能力。

至于"安全系数"，可以观察他在面试时是否有可疑的举动，以及确认他是否有犯罪记录（因为现在个人信息涉及隐私问题，所以在招聘时做背景调查的企业已经越来越少，但有些行业还是会对应聘者的信用卡使用情况以及家庭背景等进行调查）。

在上述例子中，假设 A 先生只是一名普通员工，但如果 A 先生是一位知名的"经营专家"，企业需要委托他帮助重建，那么框架也要随之改变，如图表1-2所示。

应该录用A先生

个人能力

与组织的契合度

获得替代A先生的人才的困难度

图表1-2 讨论是否录用的框架示例（2）

在这种情况下，"获得替代 A 先生的人才的困难度"就是非常关键的要素。如果"很难找到可以替代 A 先生的人才"，那么关于主要论点的假设就是"应该录用 A 先生"。

反之，如果经过调查和分析之后发现还有 B 先生可以替代 A 先生，那么主要论点的假设或许就会变成"应该录用 B 先生"。而在这种情况下，需要按照如图表1-3所示的框架来准备根据。

像这样先思考作为根据（支撑主张的"支柱"）的框架，然后以此为基础收集信息并进行分析，根据实际情况改变假设和框架，就能做出正确的决策，并使人行动起来。

图表1-3 讨论是否录用的框架示例（3）

　　除了自己设计框架，还可以利用现有的框架。这些框架都是前人智慧的结晶，能够经受住实践的考验。根据自己的需求选择合适的框架，可以极大地提高工作效率，取得事半功倍的效果。

　　比如想对事业的展开提供建议的时候，利用3C（市场、竞争对手、自身企业）的框架进行思考非常有效。本书将在第五章中为大家介绍一些比较有代表性的框架。

　　市面上也有不少详细介绍这些框架的书籍，大家可以根据自身的需求选择合适的书籍进行参考（笔者自己也出版过《顾彼思 MBA　关键词 图解 基本框架50》[2015年，钻石社]）。

	评价项目与重要度				
	50% 效果	20% 可行性	15% 风险	15% 成本	优先顺序
维持现有力量	×	○	◎	◎	4
引进外援	◎	△	×	△	2
引进优秀本土选手	◎	△	△	○	1
引进普通本土选手	△	×	◎	◎	3

图表1-4 对选项进行比较：思考队伍的补强方案

在最终做决策的时候，采用如图表1-4所示的图表将多个选项放在一起进行对比，能够起到一目了然的效果。

当然，也可以用图表1-1到图表1-3那样的柱形图来进行对比，但实际上不管采用怎样的形式，关键都是坚持在提出假设的同时"提供有力根据"的态度。

第2章

收集信息

分析这个词从广义上来说，其实是包括收集信息在内的，但本书中所说的分析，指的是狭义上的"通过对信息进行分解、加工以及组合来获得有意义的内容"。

关于信息，我将先为大家简单地介绍一下信息的种类与区分以及各自的特征，接下来对收集信息的方法进行解说。

信息的种类与区分

首先让我们来确认一下信息的种类与区分。充分地了解信息的种类与区分，对于接下来的分析和决策都将起到巨大的帮助。

◎【信息的种类①】定量信息·定性信息

定量信息指的是用数字（数值）表示的信息，定性信息指的是无法用数值表示的信息。不过，随着近年来IT和AI的发展，就连定性信息中最有代表性的文本数据（文字数据）都可以被替换为数值（例：招聘应届毕业生时，根据其填写的"志愿动机"内容，将应聘者与本公司的契合度数值化，或者根据图像信息计算出其中包括特定对象物的数量等），因此两者之间的界限已经变得不那么明确了。

数值数据主要包括销售额、利润等财务数据，顾客满意度等问卷调查数据，市场规模和汇率等外部环境数据等。

其中，企业最应该检测的重要数值数据被称为 KPI（关键绩效指标，Key Performance Indicator）。除了财务数据和顾客满意度数据，生产部门的不良产品率和设备运转率，人事部门的录用人数和人均录用成本，研究开发部门的专利数和产品开发率等，所有与企业发展有关的重要数据都可以作为 KPI。

数值数据是分析必不可少的重要材料，但前提条件是"必须准确"。准确的数据可以保证其作为根据时足够清晰不模糊，在分析时也可以对其进行各种各样的加工，得到有用的发现（这被称为定量分析）。

此外，在重要的经营指标出现问题时，不要急于去收集信息，而是应该先对关键要素进行定点观测，确认其是否发生了变化。

另一方面，定性信息由于无法数值化，因此很难像定量信息那样进行定点观测以及"从不同的突破口进行加工和分析"。

在这种情况下，是否能够获取隐藏在事物表面之下（比如潜藏在顾客深层心理中的购买动机等）的信息，就显得尤为重要。

◎【信息的种类②】事实、意见、预测

事实指的是现实发生的事情，其作为根据拥有最强的效果。在进行分析和提案的时候，"基于事实"非常重要，因为以虚假的信息为基础进行分析，无法将组织引领往正确的方向。

近年来，财务造假的现象引发了广泛的关注。不管财务报表多么漂亮，业绩增长如何迅猛，如果这一切都是虚假的，那么购买了这家企业股票的投资者们必将遭受巨大的损失。

不过，要想把握世界上所有事情的事实真相是不现实的（如果真能做到的话，那警察们倒能轻松不少）。而且事实都是过去发生的事情，未来却不一定处于过去的延长线上。所以只有事实是远远不够的。

在这个时候，就需要用组织内部或行业内部的权威提

供的意见，以及智囊团和学者给出的预测作为对事实的补充。这些虽然不属于事实，但在作为根据时也比普通人的见解更有说服力。

事实、意见与预测三者在作为根据时各自所占的比重应该因具体的状况进行调整，除此之外还需要特别注意的是消除虚假信息和缺乏可信度的信息。对于意见和预测，应该尽量多提出几个选项来增加成功率。

关于分析有一句名言，叫作"垃圾进垃圾出"（GIGO，Garbage in Garbage out）。意思是不管分析多么仔细，如果作为分析基础的信息不准确，就不可能得出理想的分析结果。

◎【信息的种类③】属性数据、隐性数据、行动数据、结果数据

这些数据常用于市场营销以及组织与人事的分析。比如在市场营销中，性别、年龄、职业等都属于属性数据。在人事中，入职年份、毕业院校等也属于比较重要的属性数据。

隐性数据包括认知度、好感度、（使用后的）满意度等数据。这些数据大多隐藏在人类的记忆和认识中，无法直接检测（如果以后人类的大脑中能安装传感器的话则另当别论）。一般来说可以通过问卷调查和现场采访来获取这些数据。

在隐性数据中，有一些存在于人类的潜意识中，甚至本人都没有注意到的内容。找出这些隐藏在潜意识中的隐性数据，打开消费者购买"开关"的方法被称为洞察分析。要想把握人类的潜意识，必须掌握高明的话术，仔细地观察目标的行为模式，并收集行动数据，总之需要下很多的功夫。

行动数据，以市场营销为例，就是关于何时何地购买什么材料的数据。一般来说，要想把握消费者的全部行为是非常困难的，但通过对各个店铺的消费记录进行调查，也能够在一定程度上把握消费者的行为。

近年来，在线交易在全部交易数量中的比重越来越高，在线交易不但能够记录购买数据，还能记录包括消费者在商品页面的停留时间，以及进入页面的方式（通过检索页面进入，通过广告邮件进入等）在内的许多行动数据。

随着物联网（IoT）的发展，许多人们没有意识到的行动模式也被解读了出来。比如利用智能手机的GPS功能，就可以获得"顾客在商场里的行动路线"这个信息，而这个信息可能是顾客本人完全没有意识到的。[1]如果能够大量地收集这种信息并对其进行分析，就可以更加合理地安排商场的店铺位置，延长顾客的逗留时间，增加顾客的购物欲望，最终实现提高客单价的效果。事实上，现在已经有许多企业都采用了类似的分析方法。

结果数据最典型的例子是销售额和毛利润等数据。虽然其作为行动所产生的结果，从广义上来说也可以称为行动数据，但由于其对企业来说属于非常重要的指标，所以一般单独拿出来进行分析。

◎ 【信息的种类④】一手信息、二手信息

一手信息指的是自己收集，在现场确认的数据。二手信息指的是由第三方收集并加工的数据。

---

(1) 此举侵犯了顾客的隐私权。——译者注

一般情况下，用于分析的数据都是比较容易从互联网上获取的二手信息。这些信息的缺点是可能含有第三方的观点或错误。

即便是可信度比较高的新闻报道，也会因为新闻媒体的立场，使同一个情况出现不同的结果。比如保守党派是执政党的情况下，激进派新闻媒体进行的舆论调查会显示民众对政府的支持率较低，而保守派新闻媒体进行的同样调查则会显示支持率较高。因此，正确把握第三方信息提供者的特点和个性非常重要。

如果有可能的话，除了一手信息，还应该尽可能从多个信息源收集信息，站在立体、多元的角度对事物进行分析。

一手信息是自己收集加工的数据，至少对自己来说是正确的信息。正所谓"百闻不如一见"，很多情况下只有自己到现场才能了解实际情况。从这个意义上来说，一手信息非常重要，但同时其中也隐藏着陷阱。

任何人都存在着偏见（思考的偏差）。人类往往只关注对自己有利的信息（这被称为确证偏见），一手信息中很有可能存在着这样的偏见。

此外，任何人都不是十全十美的，谁都有可能会犯错。在绝大多数情况下，人类都会对自己充满自信，认为"自己收集的信息肯定没问题"。但这种过度的自信有可能带来意料之外的结果。

在收集一手信息的时候，保持自己独特的见解固然重要，但也要注意不要掉入上面的陷阱中。

专栏：现地现物

在丰田汽车"丰田的问题解决方法"中，有一个最基本的方法叫作"现地现物"。意思是当遇到问题的时候，一定要自己到现场去确认情况。用一手信息来解决问题。

通过现地现物的方法收集信息时，可以将自己的五感全部利用起来。比如你是一家健身房的经营者，即便用摄像机将健身房内的情景都录下来，也难以把握现场的实际情况。所以你必须到现场去，观察顾客脸上的表情和呼吸频率，亲身感受现场的温度。只有将自己的亲身感受与现场的数据相结合进行综合的判断，才能得出准确的分析结果，采取正确的行动。

此外，将自己在现场亲身感受到的内容转变为文字信息，在接下来进行分析和用于增加说服力时将发挥巨大的作用。因为没有转变为文字的印象很容易被遗忘，有时候还可能出现错误的记忆。

在采用现地现物的方法时，经常前往现场把握情况，还能够与顾客和现场员工等身处一线的人建立起良好的关系。这种关系可以使你获得更多的信息源。

◎【信息的种类⑤】公开信息、非公开信息

公开信息指的是任何人都能够获取的信息。非公开信息指的是只属于特定的个人和企业的信息。比如在公司内部公开，但不在社会上公开的信息，对于自己公司的成员来说属于公开信息，但对于公司外部的人员来说则属于非公开信息。

一般来说，只以公开信息为基础，无法获得能够与竞争对手拉开差距的分析结果。所以在分析时应该尽量获取非公开信息。

有些信息虽然是公开的，但要想获取这些信息需要花

费高额的成本，因此这种信息可以说是介于公开信息和非公开信息之间的中间信息。

还有用大家都不熟悉的语言（例：阿拉伯语）书写的信息，收集与利用（翻译）需要大量的时间和精力，因此也可以看作是中间信息。发表在无法被谷歌等搜索引擎检索到的社交网站（比如脸书和推特）上的信息也可以称为中间信息。

由此可见，公开信息与非公开信息之间的区别其实非常模糊，会随着预算规模、组织与个人的人脉等发生改变。

收集信息的方法

收集信息的方法如图表2-1所示。

	优点	缺点
书籍、报纸、杂志等	· 容易获取 · 从基本的信息到详细的内容应有尽有	· 内容量太大，需要敏锐的洞察力和判断力
公开数据	· 全面 · 包括过去的信息	· 精度低 ·（比较）昂贵
网络检索	· 容易获取	· 可信度低
现场采访	· 能够对想要了解的信息进行深入挖掘	· 受采访者与受访者主观影响 · 实施起来很麻烦
问卷调查	· 能够一次性获取广泛的信息 · 能够准确获取想要了解的信息	· 样本数量和分析方法对精度有很大的影响 · 收集需要花费大量时间，实施起来很麻烦
观察	· 能够获得只有在现场才能获取的信息	· 收集到的信息量和品质受观察者个人能力影响
IT信息	· 能够收集大量的信息 · 拥有很强的实时性	· 容易积累无用数据

图表2-1 收集信息的方法

近年来重要度迅速提升的就是"IT 信息（通过 IT 途径获取的信息）"。以前 IT 信息是只在电子商务和信息交易等特定行业中才能发挥价值的东西，但近年来随着物联网的发展以及传感器数量的增加，IT 信息在制造业和服务业等传统产业中也开始凸显出重要性，今后其重要性还会越来越高。

本书将对图表中具有一定技术含量的网络检索、现场采访、问卷调查、观察、IT 信息等5个方法进行简单的解说。

◎【收集信息的方法①】网络检索

网络检索（网页检索）恐怕是近年来最常用的收集信息的方法。但另一方面，在这个信息爆炸的时代，每隔几年流通的信息数量就会增长10倍。随着信息数量的增加，垃圾信息（没有用处的信息）所占的比率也越来越高。也就是说，从玉石混淆的信息中迅速地找出有用信息的能力，在今后的信息时代越来越重要。

要想迅速地找出有用的信息，需要掌握一些检索的"技巧"，以及尽快找到检索的"关键词"。

检索的技巧并不难掌握，而且确实对提高检索效率具有一定的帮助。由于篇幅所限，我无法将所有的技巧全部罗列出来，大家可以参考图表2-2中的内容，首先掌握这些技巧（关于这些技巧的具体内容，大家可以在网络上检索一下，也算是一种练习）。

· AND检索	显示含有多个检索词的网站
· 部分一致检索	检索有一部分检索词不明的内容
· 完全一致检索	只显示与检索词完全相同的内容
· NOT检索	显示除了检索词之外的内容
· 网站内检索	在某网站内部进行检索
· 指定文件检索	指定文件的类型进行检索
· 标题检索	只检索标题
· 内容检索	首先了解关于某内容基本信息的检索
· 缓存检索	利用缓存内容对已经断开连接的网站进行检索

图表2-2 网络检索的"技巧"

选定检索的关键词（Key Word）很考验自己的词汇量。尤其是自己不太熟悉的领域，要想找到有效的检索关键词并不容易。

我的建议是首先浏览一下相关网站，找出其中你认为比较重要的用语，然后尝试使用 AND 检索。这样你可以更快地找到想要的信息。

比如你想了解风险投资行业的业绩，即便输入"风险投资"和"业绩"这两个关键词进行 AND 检索，也得不到什么有用的结果（大家不妨实际检索一下试试）。

但你能够从排在搜索结果前列的网站中找到一些有用的信息。通过浏览这些网站，你会发现风险投资行业并不使用"业绩"这个词，而是更常用"表现"和"内部收益率（IRR）"的说法。接下来请用"风险投资"和"表现"作为关键词再次进行 AND 检索。

◎【收集信息的方法②】现场采访

现场采访也分为许多种情况，这里假设要对企业外部的人进行采访。在进行现场采访时，首先要充分地了解被采访者，其次在采访的过程中要用适时的提问引导对方说出有用的信息。

进行现场采访时，要根据目的选择不同的采访对象。在这里我将为大家介绍向专业人士咨询意见以及向顾客收集信息这两种情况。

在选择专业人士时，需要注意以下内容。

• 通过网页搜索行业专家、在该行业拥有丰富经验的人以及主要客户。

• 行业专家一般都会发表研究报告和出版书籍，也可以通过这些信息来进行搜索。

• 在寻找外部的专业人士之前，应该先和企业内部的专业人士进行交流。

• 专业人士还认识其他的专业人士，可以让对方介绍更多的采访对象。

• 尽量利用在学会和学生时代同学的人脉。

向顾客收集信息时，根据目的调整顾客对象也很重要。当想要了解"平均"或"多数派"的意见时，应该尽可能随机地选择顾客目标，如果想获得有关改善的建议或提高商业活动的水平，选择满意度较高的顾客以及流失的顾客作为采访目标都非常有效。

绝对不能因为易于交流而只采访忠实顾客群体，并将其当作平均顾客群体的意见。

在实际进行采访时，不管对象是专业人士还是顾客，都要尽可能地引导对方多提供信息。因此，采访时间最少也要设置在1个小时左右。一般来说，在最初的15分钟里，双方都会因为紧张而几乎说不出什么有价值的信息。

在提问的时候，注意千万不要用诱导式的提问，而是要提出能够对假设进行验证的问题。有时也可以根据实际情况，事前将提问内容告知对方，让对方有所准备。

此外，为了不喧宾夺主，尽量让对方发言。用"原来如此，那可真有意思""您了解得还真清楚""我还是第一次听说，受益匪浅"之类的话随声附和，可以鼓励对方更多地发表意见。

有时候采访可能没有按照预定的方向发展，为了能够及时地进行调整，事先了解对方的情况非常重要（这也是与人进行交流之前的基本礼仪）。

◎【收集信息的方法③】问卷调查

问卷调查是大家都比较熟悉的方法，也是获取隐性数据的重要工具。接下来，我将为大家介绍几个进行问卷调查时容易出现的错误。

〈样本不能反映整体情况〉

问卷调查的目的一般是为了收集"整体的意见",但在选择样本时很容易出现以偏概全的情况。比如通过网络对老年人进行问卷调查,但日本懂得使用网络的老年人大多是高学历人群或富裕阶层,这就使得样本群体出现偏差,不能代表整个老年人群体。

〈样本数量太少〉

如果是现场采访的话,可以通过对问题的深入挖掘来弥补样本数量过少的不足,但与现场采访的"深而少"相比,一般的问卷调查则需要"浅而广"。因此,问卷调查需要的样本数量非常多。在进行样本调查(并非全部调查)的时候,理想的状态是能够获得300份以上的数据,但考虑到性价比等因素,实际情况下往往达不到这种标准。一般来说,能够收集到不偏颇的100份样本数据就可以了。

〈提问出现重复和遗漏〉

比如在婚姻状况一栏的选项只有"1. 单身、2. 已婚",那么离婚和配偶死亡的单身人士就不知道应该选择什么。

此外，拥有事实婚姻但没有领证的人也没有合适的选项。

　　某问卷调查网站上对"何时购买本商品"的问题给出的选项从1个月前、2个月前、3个月前一直到2年前，总共25个。虽然这样确实做到了不重复和不遗漏，但有些人实在记得没有那么清楚了。所以还应该加上"忘了""不明"的选项。

〈诱导提问〉

　　比如报社在提出"是否有必要对宪法进行修改"的问题之前，先提出"承诺放弃战争的宪法第九条能让日本在世界上获得尊重吗"之类的问题，读者就很有可能被这些问题诱导做出不同的回答。

〈问卷的格式不便于回答者做出正确的回答〉

　　同样在问卷调查网站上还出现过一份关于对20多家企业印象的问卷调查。回答者需要选择的印象多达25项，导致总选项数超过500个。而且由于选项过多，无法在一个屏幕中全部显示出来，使得回答者在填写下方的选项时总是需要将画面拉回到上方确认选项内容。对于如此难以填写的问卷，肯认真回答的人肯定不多吧（笔者选的全是位于最右侧的"没有符合的企业"）。或许这份问卷调查的目的是想要获取非常详细的信息，但对于回答者来说只会觉得"麻烦"。

图表2-3就是此类问卷调查表的示例，在这个示例中，选项是20（行）×15（列）=300个，虽然比前面提到的500多个要少，但是否有人愿意认真地做出回答，恐怕也要画一个问号。

	A企业	B企业	C企业	D企业	E企业	F企业	G企业	H企业	I企业	J企业	K企业	L企业	M企业	N企业	O企业	没有符合的企业
先进	☐	☐	☐	☐	☐	☐	☐	☐	☐	☐	☐	☐	☐	☐	☐	☐
为社会做出贡献	☐	☐	☐	☐	☐	☐	☐	☐	☐	☐	☐	☐	☐	☐	☐	☐
友善	☐	☐	☐	☐	☐	☐	☐	☐	☐	☐	☐	☐	☐	☐	☐	☐
代表日本	☐	☐	☐	☐	☐	☐	☐	☐	☐	☐	☐	☐	☐	☐	☐	☐
著名	☐	☐	☐	☐	☐	☐	☐	☐	☐	☐	☐	☐	☐	☐	☐	☐
值得信赖	☐	☐	☐	☐	☐	☐	☐	☐	☐	☐	☐	☐	☐	☐	☐	☐
有温度	☐	☐	☐	☐	☐	☐	☐	☐	☐	☐	☐	☐	☐	☐	☐	☐
适合工作	☐	☐	☐	☐	☐	☐	☐	☐	☐	☐	☐	☐	☐	☐	☐	☐
遍及全球	☐	☐	☐	☐	☐	☐	☐	☐	☐	☐	☐	☐	☐	☐	☐	☐
有历史	☐	☐	☐	☐	☐	☐	☐	☐	☐	☐	☐	☐	☐	☐	☐	☐
厚重	☐	☐	☐	☐	☐	☐	☐	☐	☐	☐	☐	☐	☐	☐	☐	☐
有知名度	☐	☐	☐	☐	☐	☐	☐	☐	☐	☐	☐	☐	☐	☐	☐	☐
有安心感	☐	☐	☐	☐	☐	☐	☐	☐	☐	☐	☐	☐	☐	☐	☐	☐
稳定	☐	☐	☐	☐	☐	☐	☐	☐	☐	☐	☐	☐	☐	☐	☐	☐
有气势	☐	☐	☐	☐	☐	☐	☐	☐	☐	☐	☐	☐	☐	☐	☐	☐
产品、服务好	☐	☐	☐	☐	☐	☐	☐	☐	☐	☐	☐	☐	☐	☐	☐	☐
积极公开信息	☐	☐	☐	☐	☐	☐	☐	☐	☐	☐	☐	☐	☐	☐	☐	☐
有竞争力	☐	☐	☐	☐	☐	☐	☐	☐	☐	☐	☐	☐	☐	☐	☐	☐
行业的代名词	☐	☐	☐	☐	☐	☐	☐	☐	☐	☐	☐	☐	☐	☐	☐	☐
平衡	☐	☐	☐	☐	☐	☐	☐	☐	☐	☐	☐	☐	☐	☐	☐	☐

图表2-3 让人难以认真作答的问卷调查表

最近，有的问卷调查表为了防止出现回答者全部选择同一列选项的情况，特意设置了"这个项目请点击左端"之类的筛选项。但这样做，可能会使好不容易做的问卷调查失去意义。所以最好能够从一开始就设计出便于回答者回答的问卷调查。

综上所述，在设计问卷调查表时，除了要考虑调查的目的，还要站在回答者的立场上，尽可能设计便于回答的问卷，这样才能收集到更加准确的信息。

当问卷调查表设计出来之后，可以自己先试着回答一遍，或者拿给周围的人看一看，这种方法虽然原始却十分有效。

◎【收集信息的方法④】观察

观察大致可以分为人类观察和事物观察两类（对繁华街道和人群的情况进行观察，属于介于两者之间的观察）。人类观察对于获取行动数据非常有效，在改善职场环境，通过消费者的行动获取市场营销启发等方面能够发挥巨大的作用。在这里，我将为大家介绍实行起来难度较高的消费者行动观察。这种观察的方法有许多都同样适用于其他的观察。

行动观察最大的作用之一，是能够把握问卷调查和现场采访难以发现的"人类实际行动与认知的偏差"。换句话说，人类说的和写的与自己实际做的之间存在偏差。

出现这种偏差的主要原因是人类都希望自己是"在他人眼中看起来合理的人"。但对人类的实际行动进行观察之后就会发现，人类经常做出与本人的说明不同的行动。人类无法记住自己所有的行动，即便在无意识中做出了不合理的行动，也很容易忘记。

比如自己本来打算购买某品牌的商品，来到货架跟前时却因为某种原因购买了其他品牌的商品，这种情况十分常见，而人类往往对此没有任何记忆。

正因为如此，通过行动观察确认具体的事实，洞察人类无意识的行动背后隐藏的信息就显得非常重要。

在行动观察之后立即对观察对象进行采访可以提高观察的效果。首先观察对象的行动，然后询问对方为什么采取这样的行动，可以了解仅凭观察无法得知的对象的深层心理。在这个时候，必须注意不能进行诱导提问，而是要想办法引导对方将难以用语言表达的感受和想法表述出来。请看下面这个在零售店铺与购买面包的顾客之间进行对话的例子。

"刚才我看您购买这件商品之前，先拿起另外一件商品看了看，这是为什么呢？"

"哎，是吗？"

"嗯，您先拿起了某商品。"

"哦，我想起来了。因为我看那件商品好像很好吃的样子。"

"怎么判断出来的呢？"

"嗯，这个嘛……颜色吧。"

"那么，您实际购买的这件商品也是因为颜色看起来好吃吗？"

"……可能确实有这种感觉吧。"

此外，行动观察的缺点（这一点与现场采访相同）在于，观察的结果受观察者能力的影响很大。比如有的观察者对消费者的细微举动很敏感，能够以此建立起新的假设，有的观察者则完全不敏感。

"笑"这个说起来很简单的行动，每个人的标准也不一样。比如某电影公司为了对多个作品进行分析，打算记录"电影的哪些场面能使观众发笑"，但如果不事先设定"笑"的基准，不同的人得出的观察结果也各不相同。

想要消除这种偏差，使所有观察者的标准实现统一并不容易。因此，当企业打算进行某种大规模的观察时，最好先制定一个简单的标准，让观察员按照标准进行观察。

◎【收集信息的方法⑤】IT 信息

以前 IT 信息以用户在网页上的行动（比如在网页的停留时间和接下来跳转到哪个网站等）为主，但随着 IT 与传感器技术的发展（功能提升、成本降低、体积缩小等）以及物联网的普及，使得人类与物品（机械等）的行动所产生的"数据"被大量地积累下来，形成我们现在常说的"大数据"。

关于利用大数据进行的分析，我将在第六章中为大家做更为详细的解说。大数据与其他信息最大的不同之处在于，绝大多数情况下大数据的信息并不是提取的样本数据，而是"全部的数据"。

比如要想把握一个有10万次下载的应用程序的具体使用情况，曾经是非常困难的事情，但现在通过大数据可以轻而易举地了解到这个应用程序有多少活跃用户，以及这些用户如何使用这款应用程序。

生产企业也可以通过大数据来实时监控销售出去的设备在顾客手中的运转情况和状态。比如设备的运转率、零部件的磨损情况等。当某零部件即将达到使用寿命时，生产企业就会及时提醒客户"这个零件即将达到使用寿命，最好尽快更换"。

或者在汽车上安装传感器，如果驾驶员总是不遵守交通规则，系统就会将其判定为"危险驾驶者"，在其缴纳车险的时候提高所需缴纳的保费。还有的传感器能够在驾驶员疲劳驾驶的时候发出提醒（虽然这种功能以前就有，但现在随着技术的进步，这种功能的成本更低而且准确性更高）。

进入21世纪之后，像这样利用大数据进行分析和决策的情况将越来越多，而这也将反过来促进 AI 的进一步发展。今后，或许信息收集和分析都将离不开大数据与 AI。

但这并不意味着有了大数据和 AI 之后，就不再需要其他的信息收集方式了。通过大数据收集到的信息和启示与只有人类才能收集到的信息应该如何有机地结合起来，才是今后最重要的课题。

还有一点需要注意的是，IT 数据（尤其是顾客数据）属于企业内部数据。绝大多数企业都将其存放于客户关系管理（CRM，Customer Relationship Management）的数据库中。而且其中保存的行动数据还会越来越多。

给企业带来现金流的是顾客，因此顾客数据对企业来说是非常宝贵的资源。但遗憾的是，现在很多企业中都经常出现以下情况。

• 数据库之间的数据难以共享（例：使用不同的软件），数据收集非常麻烦，数据出现错误。

• 数据更新缓慢（例：法人客户的负责人改变等）。

• 没有在数据库中保留顾客重要数据（特别是投诉等定性数据）的习惯。

• 部分信息受防火墙保护，无法查询。

在重视个人隐私的现在，最后一条可能确实没办法，但其他情况属实缺乏效率，只能说是对宝贵数据资源的一种浪费。

不过，普通员工对此恐怕是毫无办法。只能向 IT 部门和市场部门的人确认自己企业对客户数据的保存状况，然后尽可能有效地收集信息。

需要注意的偏见

在本章的最后，我想为大家介绍一些需要注意的偏见（思考的偏差）。只要是人都难以避免会有偏见，是否能够认识到这一点对行动会造成巨大的影响。

想要完全消除偏见非常困难，站在客观的角度对自己的行为进行反思，或者积极听取他人的建议，都是比较有效的方法。

此外，提供信息的人也容易陷入偏见中，必须注意这一点。

〈确证偏见〉

确证偏见指的是只关注对自己的假设和主张有利的信息，而对其他的信息则视而不见，或者过于低估。比如一旦对某个部下产生不好的印象，就只能看到他 / 她不好的一面，认为"这个人难当大任，不能给他安排困难的工作，也不能给他升职"。在收集信息的时候，这是最需要注意的偏见。

〈专业偏见〉

这是更重视自己擅长领域信息的偏见。比如在思考提高某商品销售额方法的时候，商品开发负责人比较关注与商品设计和概念相关的信息，促销负责人则更关注广告和店铺宣传方面的信息。

拥有擅长的领域本身是值得肯定的事情，但需要注意自己是否被隔离在专业领域中，与周围失去了联系。

〈"自我中立"偏见〉

在进行集团采访的时候，主持人应该站在中立的立场上。但除非经过非常专业的训练，否则人类总会在不经意间偏向于某一方，而且自己还意识不到。这就是"自我中立"偏见。

一般来说，在会议之类的场合很容易出现"从众压力"，认为"与其他人唱反调，会被讨厌"。在这种时候，就需要一个保持中立的主持人，对各不相同的意见进行整理和协调，使整个集团的意见朝着某个特定的方向发展。

〈虚荣偏见〉

这不是信息收集者的偏见，而是信息提供者在回答时很容易出现的偏见。因为人类都希望自己在他人眼中看来是合理的，除此之外，人类还是虚荣的动物。比如问男性身高的时候，很多人都会故意多说几厘米。而女性的话则会故意把体重少说几千克。比如某婚恋网站上，身高"169厘米"的男性数量异常得少（理由很明显）。

而在进行电视收视率调查时，安装了测试仪器的家庭在最初的3个月之内收看教育节目的时间明显增加，于是电视台只能将这期间的数据作为"无效数据"舍弃。

我们很难判断人类的回答中有多少虚荣的成分，因此只能依靠多收集信息来获得更接近实际的情况。比如某企业会根据过去的回答与实际测量的数据事先把握"虚荣"的程度，然后减去这部分无效数据之后再进行分析。

〈近期偏见〉

这也是提供信息的回答者容易陷入的偏见。正如其字面所表示的意思一样，指的是对最近期发生的事情容易给予过高评价的偏见。比如某企业每年都会进行一次员工之间的相互评价活动，但人们做出的评价往往会被最近三个月的印象影响。

除了近期偏见，人类还容易被印象深刻的事物影响。这是因为人类大脑的记忆力有限，只能记住那些容易被记住的东西。影响比较大的成功和失败就是其中的典型。

〈"半径5米"偏见〉

这个偏见也被称为"半径10米"偏见，指的是认为自己周围的事情就是整个世界的标准所导致的偏见。

一般来说，人们都喜欢与自己有相似经历和兴趣的人，愿意与和自己有同样想法和生活方式的人交往。结果就是只能接收到同质化的信息，导致无法做出真正有意义的决策。

以上介绍的只是比较有代表性的偏见，而在实际的商业活动中像这样的偏见有超过100种之多。因此，如何准确地把握自己和他人的偏见就显得非常重要。

第3章

分析的基本

在本章中，我将为大家介绍分析的5个"基本操作"。具体来说包括以下内容。

1. 思考接下来能得出什么结论。

2. 分解思考。

3. 正确比较。

4. 用"眼睛"思考。

5. 从多个视角出发进行思考。

◎【分析的基本①】思考接下来能得出什么结论

不习惯分析的人经常出现的一个错误就是，认为将收集到的信息整理出来就是"分析"。

比如营业管理部的人针对某新商品及其周边环境，对现场员工、顾客和相关从业者进行了采访，并得出了如下的结果，各个结果都有相应的数值依据。

• 该商品的品类今后似乎有增长空间，希望能够保持一定的地位。

• 虽然与竞争对手存在差异化，但因为没有申请专利保护，所以很快就会被模仿。

• 代理商并不会加入某个生产企业的阵营，只是纯粹地追求利润。

• 顾客在购买时很重视企业品牌。

• 自身企业给顾客留下了很好的印象，比竞争对手更有优势。

• 与其他产品的协同主要体现在技术共享和生产设备共享上。

• 与人际关系相比，代理商更重视利益。

这些确实都是非常宝贵的信息，但如果分析到此为止的话，对于企业来说并没有太多的价值。所以必须根据上述的信息思考能够得出什么结论。

在这个时候，将信息放在框架里进行整理最为有效（实际上应该先思考框架，然后再收集信息，但这里以尚未习惯分析的人先从收集信息开始为前提进行解说）。

在上述事例中，假设以"（与竞争对手相比）自己商品的竞争力""在自身企业中的定位""渠道的动机"为轴，将框架分为三个部分（参见图表3-1）。

然后以此为基础，思考各个信息能够得出什么结论。比如图表3-1左侧的"自己商品的竞争力"，就能够得出"因为产品本身的差异性不大，所以要将品牌形象放在前面，以广告和促销作为竞争的核心"这一结论。

同样，图表3-1中间的"在自身企业中的定位"和右侧"渠道的动机"则分别能够得出"这款新商品是无论如何都应该销售的商品"和"为了提高渠道的销售积极性，需要为其提供实际的利益（折扣、营业支援等）"的结论（参见图表3-2）。

自己商品的竞争力　　在自身企业中的定位　　渠道的动机

因为没有申请专利保护'所以很快就会被模仿

顾客在购买时很重视企业品牌。而且对自身企业印象很好

该商品的品类似乎有成长空间'今后希望能够保持一定的地位

与其他产品的协同主要体现在技术共享和生产设备共享上

不会加入某个生产企业的阵营'只是纯粹地追求利润

更重视利益与人际关系相比

图表3-1 能够得出什么结论?

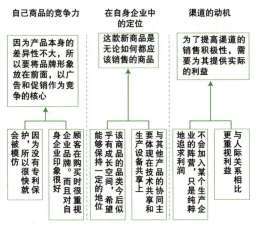

自己商品的竞争力　　在自身企业中的定位　　渠道的动机

因为产品本身的差异性不大,所以要将品牌形象放在前面,以广告和促销作为竞争的核心

这款新商品是无论如何都应该销售的商品

为了提高渠道的销售积极性,需要为其提供实际的利益

会被模仿因为没有专利保护'所以很快就

顾客在购买时很重视企业品牌。而且对自身企业印象很好

该商品的品类似乎有成长空间'今后希望能够保持一定的地位

与其他产品的协同主要体现在技术共享和生产设备共享上

不会加入某个生产企业的阵营'只是纯粹地追求利润

更重视利益与人际关系相比

图表3-2 能够得出什么结论? （继续）

　　将这些内容综合起来，就能够得出更进一步的结论，"虽然这款商品很重要，但因为其差异性不大，所以应该将品牌形象放在前面，以广告和促销作为竞争的核心（因

此应该尽快思考对策）"。由此可见，总结出结论与只罗列出信息存在着巨大的差异。

当得出这一结论之后，接下来就需要继续收集信息并进行分析，来验证这个假设是否正确。

如果得到了"竞争对手没那么容易模仿这款产品"的信息，那么最终的结论也要稍微有所改变，比如"这款产品目前的竞争力非常强，应该为渠道提供支援，尽快占领市场，构筑起领先的地位"。

综上所述，不能只对信息进行整理，而是要更进一步得出结论，然后迅速地对结论进行验证，使假设得到深化，这才是最重要的。

◎【分析的基本②】分解思考

据说"分析"的语源就来自"分解"。这意味着，在进行信息收集和分析的时候，需要将事物适当地进行分解。

分解的好处在于能够明确问题的位置以及原因的所在，但其最重要的作用还是"将整体处理比较困难的问题分解为多个部分，集中思考关键的部分，使问题变得更加容易处理，取得事半功倍的效果"。

在对事物进行分解时，最有效的工具是逻辑树。逻辑树可以将某个主题不遗漏不重复（MECE，Mutually Exclusive Collectively Exhaustive）地分解成多个部分（参见图表3-3）。

逻辑树不仅能够将庞大的主题细分为多个部分，然后对各个细节部分进行缜密的思考，还能够把握全局，找出重点部分和次要部分，使假设验证等工作可以集中在重点的部分。

虽然在分析的阶段再开始思考逻辑树也有效果，但最好能够在收集信息的时候就想好"有效的突破口"。

比如服务行业出现顾客满意度下降的问题时，需要以顾客数据为基础进行分析，但如果一开始没有想到相应的突破口，临时收集顾客信息就非常麻烦。

假设顾客满意度的差异不是由"性别"和"年龄"决定的，而是由"所属行业"决定的，但在最初的数据库中没有这项数据，那么分析就难以进行，而临时收集相应的数据需要额外花费大量的时间和金钱。

此外，图表3-3显示的是三层分解的逻辑树，但在平时进行分析的时候，一般分解到第二层就能找到原因所在。

很多人在制作逻辑树的时候总是拘泥于格式是否正确，但实际上找出真正的原因才是逻辑树最根本的目的，切记不要本末倒置。

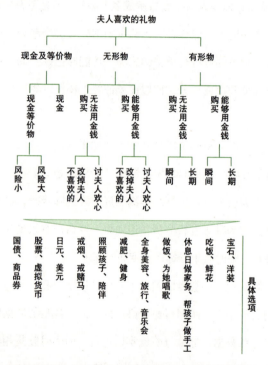

出处：顾彼思商学院著《顾彼思 MBA 精确思考》（钻石社，2012年）
注：逻辑树一般是从左向右横向制作，此处为了配合书籍的版式选用了从上到下的纵向制作。

图表3-3 逻辑树的示例（夫人喜欢的礼物）

大家不妨试着在制作逻辑树的时候，尽量在分解到第二层的时候就找到有效的突破口。

除了逻辑树，在管理顾问常用的分析框架中还有一个决定工作方向和分工的框架，叫作"问题树"（图表3-4）。

问题树可以使工作的分工更加明确，让团队成员知道自己应该做什么，提高整体的生产效率。

虽然对于不熟悉这些框架的人来说，制作逻辑树和问题树并不容易，但在项目初期对整体进行把握是非常有必要的。

此外，要想迅速地找到突破口，首先要了解各种各样的突破口。比如对经营环境进行分析时，如果不知道PEST分析——政治（Politics）、经济（Economy）、社会（Society）、技术（Technology）——这个框架，当然就无法以此来进行分析。

或者在对库存的变动情况进行分析时，如果不知道"零件与材料库存""半成品库存""产品库存"等突破口，即便半成品库存出现异常也难以发现。

也就是说，必须尽可能多地掌握突破口。

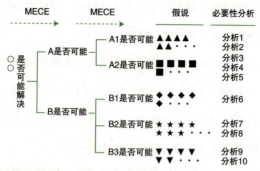

出处：顾彼思商学院著、岛田毅执笔《顾彼思 MBA 关键词 图解 基本框架50》(钻石社，2015年)

图表3-4 问题树

　　此外，"分解"的部分不能只以加法的形式组成整体，有时以乘法的方式组成整体对分析更有帮助。

　　比如对行业规模缩小这一问题进行分析时，以乘法的方式进行分解如下所示。

　　需求的大小 × 替代品（※）导致的减少 × 平均值

　　（※ 能够满足同样需求的其他产品。例：音乐 CD 与在线音乐和下载音乐服务）

假如替代品是导致行业规模缩小的主要原因，那么了解这个突破口就非常重要。

利用乘法进行分解的典型例子还有会计领域中的著名指标 ROE（净资产收益率）。ROE 经常按照以下的公式分为3个要素。

ROE＝（当期净利润 ÷ 销售额）×（销售额 ÷ 总资产）×（总资产 ÷ 净资产）

＝销售额当期净利润率 × 总资产周转率 × 财务杠杆

当 ROE 下降的时候，原因可能是利润率下降，也可能是财务杠杆下降，需要采取的对策也完全不同。

除了加法，还要用乘法来准确地对整体进行分解，这样才能极大地提高分析的效率，希望大家牢记这一点。

分析的本质就是"分解、思考"，所以突破口是分析的关键。除了从前人的智慧中学习，有时候也需要凭借自己的力量来发掘突破口（必须掌握一定程度的经营知识）。

◎【分析的基本③】正确比较

这也可以说是使用数值信息进行定量分析时的铁则。简单来说，对数值进行比较时，用来进行比较的数值必须是用同样的测量方法和同样的前提计算出来的数字。

"比较"是定量分析中非常重要的方法，但如果不是"苹果与苹果的比较"（"apple to apple"）而是"苹果与橘子的比较"（"apple to orange"）的话，得出的结论就没有意义。

比如在围绕国会电力政策的讨论中，针对在野党提出的问题，大臣指出"你的数据有点问题。（提问者出示的）过去的数据是国内的总发电量，也就是包括再生能源等在内的总发电量。但（同为提问者出示的）最新数据则只计算了10家大型电力公司的发电量。两者不能进行比较"，一下子就令提问者哑口无言。

在对数字进行比较时，必须是"apple to apple"，但这一点很容易被人忽视。就连在国会提问这种事前做好充分准备的情况下，提问者都没有注意到这个问题。

类似这样的情况实际上十分常见。比如对每个营业负责人的营业额进行比较时，在计算自己公司时只计算了营业负责人的营业额，而计算竞争对手时却将销售顾问的营业额也计算在内，这就属于没在同一个水平线上进行比较。

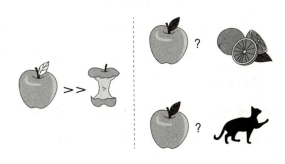

图表3-5 正确比较和错误比较

大学考试时常用的"偏差值"也存在同样的问题。如果考试科目数量比较少，偏差值就会相应地提升。因为科目数越少，越便于考生集中精力进行复习，偏差值自然就会提升。特别是一些文科专业，由于不用考大多数考生都不擅长的数学，所以偏差值普遍较高。

这会导致出现"即便偏差值相同，但学力不同"的情况。比如需要考2门科目的大学 A 和需要考3门科目的大学 B，即便偏差值相同，但肯定是大学 B 的学生学力更强。

因为考试科目比较少的大学 A 的平均偏差值更高。

也就是说，即便用偏差值来进行对比，但如果前提条件不统一的话，也无法真正地体现出学生的学力。

虽然经济学专业属于文科，但也需要一定的数学素养，而大学方面为了提高偏差值而减少应试科目数，结果就出现了将大多数考生都不擅长的数学从应试科目中排除这种非常不可思议的现象。

更进一步来说，考试中用偏差值来表示的"学力"，与学生真正拥有的"知识能力"是不同的两个概念。偏差值并不是代表学生知识能力的数值。

除了上述的情况，忽视应该进行比较的对象，只收集单方面数据共同点的错误也很常见。

比如对10家成功创业的企业进行调查，寻找它们的共同点，这是在实际的商业活动中很常见的案例调查，大家或许也进行过类似的调查。但这种调查其实是没有意义的，为什么这么说呢？

因为这种调查并不能发现"创业成功的企业"和"创业失败的企业"之间存在的重要差异，而只停留在"发现创业成功企业的共同点"上。

假设对10家成功创业的企业进行调查之后得出的结论是"创业成功的企业的社长都使用电子邮件"。但这个调查结果根本没有什么意义。因为在当今时代，即便创业失败的企业的人也都在使用电子邮件。也就是说，是否使用电子邮件并不是决定创业成功和失败的关键因素。

在对两个对象进行比较时，必须找出"成功的一方具有统计学意义的优势"。

不过，有时候即便理解上述内容，仍然只能进行单方面的调查。比如医生想要对人类的濒死体验进行调查，但没办法采访那些已经死去的人，所以只能采访那些从濒死状态抢救回来的人，并根据他们的描述来进行想象。

前面提到的企业创业的例子，也存在"难以获取失败创业者的数据"或者"创业失败的人不愿讲述自己的经历"之类的问题。

不过，"知道应该比较的对象，但因为技术上的限制而只能采取次佳方案"和"完全不知道应该比较的对象"存在着巨大的差异。这个问题很容易遭到忽视，请务必注意。

专栏：排名的陷阱

人类对排名有一种本能的喜好，但实际上即便用"苹果与苹果的比较"的方式进行比较，排名也是可以随意操作的。为什么会出现这种情况呢？

原因在于"项目选择"和"重要度"（参见图表1-4）。比如对某种类的商品进行排名时，选择"品牌力"作为比较项目，品牌力的构成要素中包括知名度，但如果对知名度过于重视，就会导致"臭名远扬的品牌"也在品牌力排行榜上名列前茅。

或者对"好感度"过于重视，但这种好感度主要是电视广告带来的效果，而实际用户的满意度和重复购买率都非常低，那么这种排行榜也无法反映出真实的情况。

排行榜经常被其他资料和调查引用，是主要的信息源之一。因此，在引用排行榜作为信息源的时候，准确把握排名的方式非常重要。

◎【分析的基本④】用"眼睛"思考

在观察图像的时候，我们自然会依靠眼睛来进行判断，但在通过数值进行定量分析的时候也可以利用"视觉"来帮助思考。

比如对自己企业的3个品牌的信息进行总结，如图表3-6所示。只看这个图表上的数字，很难对各个品牌的定位以及应该进一步在哪个市场中发展等问题有直观的判断。

但如果将数字用图表3-7那样的面积图来表示，就可以利用"视觉"来帮助思考，使我们更容易从中得到启发。

与只能从一个突破口进行比较的折线图和柱状图相比，面积图能够通过面积表示横竖两个轴的重要度，可以让人更直观地把握图表传递的信息。

品牌	市场※	销售额	市场总销售额	市场预计成长率
A	情绪性	100亿日元	250亿日元	▲5%
B	功能性	68亿日元	188亿日元	2%
C	功能性	80亿日元	188亿日元	2%

※ 除了"情绪性市场（250亿日元）""功能性市场（188亿日元）"，还有"低价格市场（188亿日元）"，但在这个市场中没有自身企业的商品

图表3-6 自身企业的3个品牌

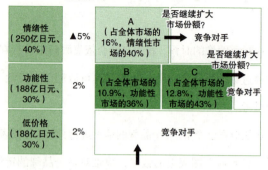

图表3-7 用面积图来表示自身企业的3个品牌

图表3-7还可以用来对市场规模、组织构成等进行比较。虽然这样的图表制作起来比较麻烦，但其拥有非常强大的效果，希望大家能够充分地利用起来。

当然，仅凭一张图表并不能让我们立即做出决策，但与图表3-6相比，图表3-7能够提供更多的信息，也可能给我们带来更多的启示。

对用眼睛进行思考更有帮助的是散布图（将样本数据标识在横竖两个坐标轴上的图表）。这也是我将在第四章中为大家介绍的分析的基本模式之一。

图表3-8是某流通行业各企业的销售额与销售额营业

利润率的散布图。通过这个图表不难看出，流通行业属于规模经济（规模越大越容易分摊固定成本，在采购的时候也能够降低价格，能够起到降低每个商品平均成本的效果）发挥作用的行业，销售额越高的企业获得的利润也就越大。

对这个图表进行仔细的观察，还能发现以下两点。

1. 以 D 社为界，规模经济的效果越来越大。
2. I 社的利润率远远低于其他企业。

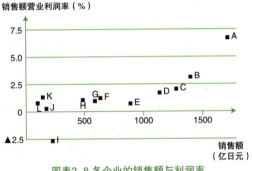

图表3-8 各企业的销售额与利润率

通过1，能够得到"（外资企业等）进入这个市场，如果没有 D 社以上的规模就难以获得利润"，"未来这一市场的竞争会愈发激烈，销售额在 F 社以下的企业难以独自生存下去，应该考虑撤退或将业务出售"等启示。

通过2，能够得到"I社或许因为某种原因导致经营不善，可能是内部混乱"，"I社的目标顾客群体和业态似乎与其他企业大不相同，如果是这样的话应该避免采取和I社一样的行为"等启示。

如果只看数字图表，很难得到上述的启示。最新的脑科学研究也已经证实，视觉信息对于促进大脑的思考和记忆有非常大的帮助。

因此，请大家充分利用"眼睛"这个优秀的分析工具。

◎【分析的基本⑤】从多个视角出发进行思考

这与是否理解分析的目的也有很大的关系。一般来说，不习惯分析的人最常落入的陷阱就是只在狭小的范围内进行分析。

比如自己是零售行业（例：百货商店等）某区域的负责人，就只思考这个区域的事情。思考自己负责区域的事情固然重要，但零售业中还有顾客的导线（行为模式）。所以如果不考虑到整个楼层、整个商场，甚至相邻的其他商场和商业地区，恐怕就难以做出有效的分析。

曾经有某个系长，在会议上拼命地对自己进行的市场营销的效果进行分析，但他却忽视了与同部门其他商品之间的协同，结果被上司批评"考虑得不够全面，完全没有意义"。

我经常强调，"要站在比自己高两到三级的管理者的立场上进行思考"。如果自己是系长，那就站在部长的立场上思考，如果自己是课长，那就站在事业部长的立场上思考，这样视野自然而然地就会变得开阔起来，对事物进行分析的时间轴也会延长。

除此之外，站在顾客、渠道、供应商或者竞争对手等与商业活动有很深关联的第三者的立场上进行思考也非常有效。

此外，拥有宏观与微观两个视角也十分重要。以市场营销为例，宏观视角指的是把握市场整体的视角，微观视角则是把握各个顾客的视角。

尽管并非所有的分析都需要用到这两个视角，但根据不同的目的选择合适的视角可以使分析更有效率。

第4章

掌握基本的分析方法

在本章中，我将为大家介绍基本的分析方法。分析的方法，也可以说是以数学（实际上绝大多数的分析只需要用到非常简单的四则运算而已）和洞察为基础"逼近本质的过程"。

在顾彼思商学院著、铃木健一执笔的《定量分析的教科书》（2016年，东洋经济新报社）中，将分析的方法以"比较"为基础分为以下五种。

- 大小
- 差异
- 趋势
- 分布
- 模式

以某国人口的寿命为例，可以引出以下的分析。

- 平均寿命是多少？
- 与其他国家的平均寿命相比有什么差异？
- 平均寿命的变化趋势是什么？

• 实际死亡年龄的分布情况?

• 与其他国家的数据相比,平均年龄与人均 GDP 有关系吗?

关于分析方法的书籍,后正武所著的《决策的"分析技术"》(1998年,钻石社)非常著名,在这本书中将分析的基本方法分为9种类型。

• 以"大小"进行思考

• 以"分解"进行思考

• 以"比较"进行思考

• 以"变化/时间"进行思考

• 以"散布"进行思考

• 以"流程"进行思考

• 以"树"进行思考

• 以"不确定性"进行思考

• 以"人类的行动/软件因素"进行思考

其中"分解""比较"以及"树"的3种类型,本书将其作为更高层次的方法单独拿出来在前一章中已经为大家进行了介绍。

而在"散布"中，则包含有"散布"与"模式"两种类型。

《决策的"分析技术"》一书中所提到的9种分析方法，在《定量分析的教科书》中没有明确提到的就只有"流程""不确定性"以及"人类的行动／软件因素"这3种。

其中，"不确定性"和"人类的行动／软件因素"这两个要素难以定量化，而且存在巨大的差异性，因此本书将这两种方法统一为"不确定性"进行讨论。

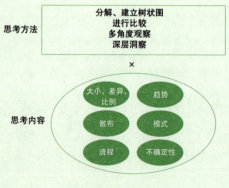

图表4-1 分析的方法

最终，本书归纳出了6种分析的基本方法——"大小、差异、比例""趋势""散布""模式""流程""不确定性"。其中最后的"不确定性"主要以定性分析为主（参见图表4-1）。

此外，正如前文中提到过的那样，"分解"（包括树状图）和"比较"是比这些基本方法更高层次的分析的基础。请大家参见图表4-1的位置关系。

接下来我将逐一为大家进行解说。

◎【分析的方法①】大小、差异、比例

对大小和差异进行分析，可以说是分析的基本方法中最重要的一个。而在对大小和差异进行分析时，不可避免地需要进行"比较"。

首先请大家思考这样一个问题。9000亿日元这个金额，大家认为是大还是小？

在听到这个问题的时候，绝大多数的人肯定都会在无意识中将这个数字与什么进行比较吧。假如从个人资产的角度来考虑的话，日本拥有超过1兆日元资产的大富翁只有2人，所以9000亿日元是一笔无法想象的巨款。即便从企业活动的角度来进行对比，销售额排在日本150位左右的高岛屋和西科姆大概就是9000亿日元，可见这也不是一个小数目。

但实际上这9000亿日元的数字，是日本"体检·健康检查"市场规模的统计数据（2015年度）。那么，在知道这个数字是体检·健康检查的市场规模之后，大家认为应该和什么金额进行比较呢？

或许很多人认为应该与整个医疗市场、医药品市场，

或者从预防疾病的角度来说与健身俱乐部市场等进行比较吧。经过实际的调查，能够得到以下的数据。

- 医疗费：41.5兆日元（住院费16.4兆日元，2015年度）
- 药费：7.9兆日元（2015年度）
- 健身俱乐部：4480亿日元（2016年度）

由此可见，体检·健康检查的市场规模与医疗市场整体相比只有2%的程度，与医药品市场相比也只有10%多一点。

那么，大家感觉这个市场规模合理吗？

近年来"治疗不如预防"的呼声愈发强烈，或许很多人都认为体检·健康检查以及健身俱乐部的市场规模应该提升了不少。

至于这个市场规模究竟应该有多大，则需要与其他发达国家进行详细比较，以及对实际的性价比（去健身俱乐部和接受体检·健康检查能够削减多少医疗费用）进行分析才能知道。不过，即便只对规模的大小进行简单比较，也可以由此得出有意义的启示，从而导出全新的假设

（不过在性价比方面，即便是专家之间也没有达成统一的意见）。

让我们再换一个角度。假设需要接受体检·健康检查的人数，除了年轻人和超高龄老年人有8000万人的话，那么平均到一个人身上的市场规模就是大约1万日元出头。

这个"1万日元"的数字究竟算大还是小，也会因为比较对象的不同而不同。可能有的人第一反应是"很大"，但也会有人认为"只不过少去两次居酒屋而已"（实际上很多企业都会免费为员工安排体检，当作福利，这也是一种影响因素）。

不管怎样，首先将能够表示大小的内容与其他"值得比较的内容"和"比较之后能够得出有意义启示的内容"进行比较，是最基本的分析方法。

比例除了能够把握两者的大小，还能够使"整体中各个要素的构成"一目了然，可以说是从视觉上把握大小、差异与比例的方法。

表示构成比（合计100%）的柱状图和饼状图就是最典型的例子。但除此之外，还有一种比较有效的图表，叫作瀑布图（图表4-2）。

虽然瀑布图从本质上来说与柱状图基本相同，却有其独特的优点。

• 能够有效利用PPT的画面，便于添加说明文字，提高视觉冲击力。

• 能够表示柱状图无法表示的负数。

图表4-3是去年营业业绩与今年营业业绩的对比。通过这个图表可以看出，现有顾客的销售额保持稳定的同时，新顾客的订单数量和单价都出现了下降，因此需要在这部分加强投入。

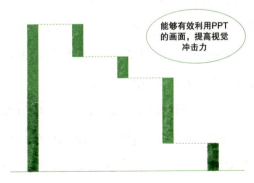

图表4-2 瀑布图

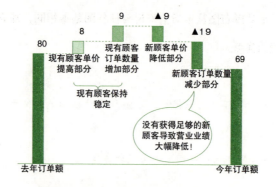

图表4-3 利用瀑布图分析营业业绩的差异

◎【分析的方法②】趋势

    这是在比较中按照时间顺序对事物进行分析的方法，也是在实际应用中比较常用的方法。

    按照时间顺序进行比较时，一般使用曲线图和柱状图。此外，大多数情况下图表上都会显示多个要素或比较对象。

    在分析趋势的时候有4点需要注意。

    第一，不能只看图表上的数据，还要将对应时间点发生的具体事件关联起来一起思考。比如以年为单位分析企业业绩的时候，2009年和2011年的业绩都出现了明显的下滑，但这其实是受雷曼危机和东日本大地震等外部因素的影响。

请看图表4-4，这是表示新成年人口数量的趋势图，其中1987年新成年人口的数量大幅减少，这是因为1966年（在1987年成年）被看作是"不吉利"的丙午年，所以新生儿数量非常少。

出处：总务省

图表4-4 趋势示例图

前面介绍的这两个例子，基本都属于常识内容，所以大家很容易就能意识到，但以月为单位出现异常点（与其他趋势明显不同）和转折点（改变趋势走向）的时候，就需要对当时究竟发生了什么进行确认。比如网站，采取搜索引擎优化之后的那个月访问数明显提升，这种情况就不能忽视。

此外，有些情况可能存在延迟（从原因出现到结果产生之间的时间延迟），这一点也需要注意。

第二，当关键绩效指标（KPI）出现变化时，不要急于收集信息，而是要通过日常的定点观测确认是否出现了异常的数值，这一点在前文中也提到过。

经营者肯定会对销售额、利润、订单额等数值保持关注，但除此之外，能够给最终的商业活动造成巨大影响的KPI也应该注意。

经营者以外的其他商务人士，也应该时刻关注与自己的工作有关的KPI。

比如服务行业（酒店等）的市场营销或服务负责人，就必须对顾客满意度、运转率、平均居住时间以及顾客问卷调查的意见栏等保持关注。企业的生产负责人则应该时刻把握成品率、不良品率、延期交工率和延期时间、设备开工率等重要指标。

准确地收集这些数据，当出现问题时迅速地找出原因并采取对策，就能够保证组织顺利地运营。

　　第三，按照时间顺序进行比较的时候也要注意"苹果与苹果的比较"。因为没有按照"苹果与苹果的比较"进行比较的情况最常出现在这种分析中。

　　比如对手机市场的变化进行分析时，是否将智能手机也包括在内，会使整个趋势发生巨大的变化，对个人电脑市场进行分析时，是否将 iPad 和 Surface 那样的平板包括在内，也会使结果发生改变。

　　有时候即便是企业内部的数据也不一定是保持一致的。比如在很多企业中，事业部的下属部门也会随着环境的变化而发生改变。以出版社为例，最初出版社将电子书籍的销售额计算在"电子书籍事业部"的业绩中，但随着电子书籍的普及，这部分的销售额就都被算成现有的事业部和编辑部的业绩了。

　　在这种情况下，"青年漫画编辑部"的销售额可能在某一年的时间点突然出现大幅的增长。当在趋势图上看到类似的变化时，可能是组织内出现了部门变更或者转移价格的情况。也就是说，即便是同一个事业部的销售额和利润，也可能每隔几年计算的前提就会发生变化，这种情况实际上是很常见的。

但不能为了"今后进行分析时更加容易"而不对组织进行改变，这种做法完全是本末倒置。即便做不到正确比较，但只要能够理解上述的情况，至少也可以从比较中得到有意义的启示。

第四，理解过去的趋势并不会持续下去。趋势分析最大的意义就是对未来进行预测。但"处于过去延长线上的未来"，一般只有3到5年，甚至还可能出现意料之外的情况。

只有大趋势比较稳定，不会突然发生巨大变化的情况下，才可能出现"处于过去延长线上的未来"。

比如近年来30岁男女的单身率一直在提升，这个趋势就很有可能持续下去。即便不会继续提升，至少未来几年也能够保持不变。

另一方面，也有趋势瞬间发生巨大转折以及趋势突然急剧提升（或下降）的例子。

首先来看趋势瞬间发生巨大转折的情况。笔者在1990年的时候因为工作的关系，对包括市场规模在内的许多情况都进行了预测，但基本都预测错了。原因也很简单，因为持续到1990年的泡沫经济在1991年和1992年的时候突然破灭。当时我对市场增长率的预测都是以1985年到1990年的高增长率为前提进行的，这样的预测当然不可能准确。

现在要说"像泡沫经济那样异常的情况不可能长期持续下去"完全是事后诸葛亮，当时甚至有不少专家都预测"日经平均将继续攀升至6万日元到7万日元"（实际上最高只到1989年末的3.8万日元），有不少企业也做出了类似的预测。

与不易发生变化的人口动态相比，经济指标和特定行业的状况很容易受某种因素的影响而发生巨大的变化。即便在参考过去趋势的时候，也必须冷静地意识到其只能作为参考，仅此而已。

再来看趋势突然急剧提升（或下降）的情况。这种情况常见于半导体产业以及信息产业。比如3D打印行业的成本在7年间降低到了之前的三百分之一。

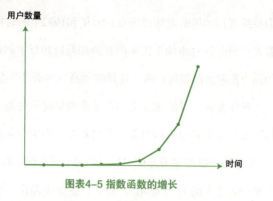

图表4-5 指数函数的增长

在对以指数函数的形式取得增长的情况进行分析时，由于难以掌握其加速普及的时间点，所以想做出准确的预测也十分困难（参见图表4-5）。

专栏：注意单位

注意检测对象的单位可以说是一切比较和分析的基础。像千克和克那样有明确换算定义的单位还好说，但有时候可能会遇到"单位出现变化"的情况。最典型的例子就是金额因为汇率而出现变化的情况。

比如在日元升值的情况下，以美元为基础对数值进行检测，即便每年日元的数值都是一样的，但换算成美元的话则是在不断增加。假设某大学每年的研究预算都是固定的，那么在日元升值的情况下，这笔钱换算成美元就会一年比一年多。

通常，在决定预算的时候都是以本国货币为基础进行计算。但在全球范围内进行比较的时候，往往都会换算成美元来制成图表，这就很容易落入单位的陷阱中。

◎【分析的方法③】散布

"散布"有许多种意义，本书主要从其数学定义"标准偏差"的角度来进行思考。标准偏差（一般用 σ 或 SD 来表示）常用于制造业的品质管理和保险等金融行业中，现在因为"设定标准进行管理"在商业活动中变得愈发重要，所以商务人士也需要对其有一定程度的了解。

简单来说，标准偏差指的就是表示样本和整体数值在平均值周围分布情况的数值。在数学上的定义如下：

$$\text{标准偏差} = \sqrt{\frac{(x_1 - \bar{x})^2 + (x_2 - \bar{x})^2 + \cdots + (x_n - \bar{x})^2}{n}}$$

$\bar{x}$: 平均值　n: 样本数目

标准偏差的值越小，就会像图表4-6左侧所示的那样，"样本均匀分布在平均值的周围"，也就是"散布较小"；而标准偏差值越大，则会像图表4-6右侧所示的那样，"样本没有均匀分布在平均值周围"，也就是"散布较大"。

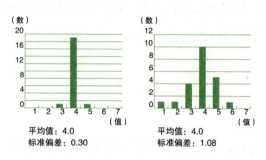

平均值：4.0　　　　　　　　平均值：4.0
标准偏差：0.30　　　　　　标准偏差：1.08

图表4-6 标准偏差与散布的关系

在对散布情况进行分析时，不能只看平均值和标准偏差等最终计算结果，还要实际绘制出直方图，利用视觉进行判断。

比如图表4-6左侧的图和右侧的图，虽然平均值都是4，但散布情况的差异可以说是一目了然。也就是说在这种情况下用眼睛进行思考十分重要。

事实上，"平均值"这个平时十分常用的数值（表示集团特性的数字），有时候并不能反映出集团的实际情况。

只有在直方图正态分布（数值的分布以平均值为顶点向左右对称分布，参见图表4-7）的情况下，平均值才能发挥出最大的功效。同性别、同年代的身高、有固定目标值的工业产品的特定数字（例：孔洞直径）、没有事故和故障时电车的抵达时间等基本都属于正态分布。

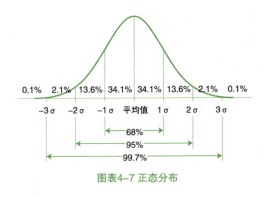

0.1%　2.1%　13.6%　34.1%　34.1%　13.6%　2.1%　0.1%

−3σ　−2σ　−1σ　平均值　1σ　2σ　3σ

68%

95%

99.7%

图表4-7 正态分布

另一方面，在没有正态分布的情况下，平均值和标准偏差反而会成为一种误导。不同年龄层的资产额就是典型的例子。因为某一年龄层的资产额有时候是其他年龄层资产额的1万倍。

当以100人为样本计算平均资产的时候，若这100人中刚好包括日本首富孙正义（极端的例子），那么他一个人就足以将平均值拉高100亿~200亿日元。

图表4-8是2015年日本不同年龄层的收入情况分布图，通过这个图表不难看出，平均值对实际数据没有任何意义，标准偏差也没有什么参考价值。

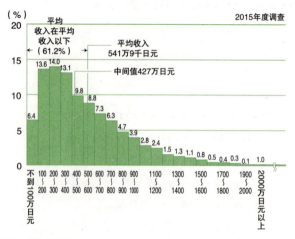

出处：厚生劳动省

图表4-8 日本不同年龄层的收入分布

但在分布接近正态分布的集团中，标准偏差就能发挥出巨大的作用。正如图表4-7所示的那样，平均值在 ±1σ 范围内占全体的68%，±2σ 范围内占全体的95%，±3σ 范围内占全体的99.7%。

日本30岁男性的平均身高大约为172厘米，标准偏差5.5厘米（2010年调查），服装生产企业如果以这一年龄层的男性为目标顾客群体，就可以根据身高166.5~177.5厘米占68%、身高161~183厘米占95%的比例来制定生产计划。

在人才培养方面，也可以对某几个项目设定期望的行为模式，通过数值化进行管理。

比如自己的部下在同年龄层同职种的项目中比平均值低2σ，就说明其在这一项中属于最底层的2.5%（因为平均值±2σ大约包括95%，所以在2σ以上和以下的分别为2.5%），要想提高必须付出相应的努力才行。

◎ **以未来的散布为前提进行决策**

前文中提到的都是对过去以及现在的事物散布进行分析，但经营决策需要的是了解未来可能发生的事情。比如在开展新事业之前，肯定有很多人都想知道这项事业能够带来多少回报。

但人类并不能预知未来。而且就像我在前文中提到过的那样，未来充满了不确定性，预测往往并不准确。

即便无法准确地把握未来，我们还是需要做出决策。在这种情况下，只能根据过去的经验和当前的经营环境，对未来做出相应的预测，并以此为基础去追求期待的回报。这种决策方法需要用到一种被称为决策树的工具。人类在面临选择的时候，会在大脑中无意识地对各个选项进行比较。最典型的示例如图表4-9所示。

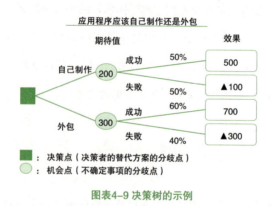

图表4-9 决策树的示例

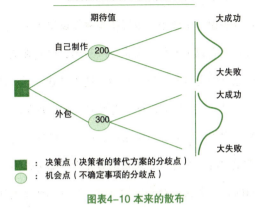

图表4-10 本来的散布

实际上，关于未来的事项也可以像图表4-10那样用散布来表示，但这种散布情况只是一种预测，无法保证准确。

此时，可以像图表4-9所示的那样，将未来可能出现的情况整理为多个选项，对各个选项可能获得的回报进行加权平均的计算，得出期待值，然后决定应该选择哪个选项。通过图表4-9可以发现，与自己制作相比，外包的选项期待值更高，所以外包是当前的最佳方案。

不过，各个事项发生的概率以及实际的回报无法准确预测，即便是期待值较高的选项，也有可能存在"企业破产"等突发事件导致的风险。因此在使用决策树的时候也必须认识到这个工具存在的缺点。

更进一步说，企业很少仅凭决策树就做出决定。最常见的情况是在会议上向相关者出示决策树，以此来确认各方对各个选项的态度和意见，然后以此为基础进行有建设性的讨论，最终做出能够让整个组织都接受的决策。

"确认组织内部对分析结果的反应"对任何分析来说都是非常重要的一个环节。尤其是对充满不确定性的未来进行分析时，把握大家对分析的反应，有时候甚至比分析结果更有价值。

◎ 用敏感性分析思考散布情况

在思考未来事项的散布情况时还有一个方法，叫作敏感性分析法。这是事先对销售额和利润等重要的最终结果与计划（＝当前的最优预测）出现偏差时会产生什么影响进行计算，从而对未来可能出现的状况提前有所准备的方法。

比如销售额可以分解为以下要素：

销售额＝营业负责人数 × 营业负责人人均销售额

假设下一年度营业负责人数的当前最优预测为110人，人均销售额为5000万日元（因此销售额预测为5亿5000万日元）。但这个数字只是预测而已，并不能保证实现。因此，需要根据过去的实际情况以及经营环境的不确定性等因素，事先计算"实际可能出现多少浮动"。

至于浮动区间，可以使用前文中提到过的2σ规则设定上下2.5%的范围，除此之外还有上下5%（σ=1.64）和上下10%（σ=1.29）等范围。接下来我为大家介绍比较常用的上下10%浮动的方法。

比如根据过去的实际情况，假设营业负责人的数量少于102人和多于118人的情况各10%。如果其他数值都是固定的，只有这个数值变化，那么预测销售额有80%的可能在5亿1000万日元到5亿9000万日元之间，换句话说，有20%的概率不在这个范围之内。

通过替换不同的变量，思考"一旦出现预测之外的情况应该采取什么对策（例：改变供应商、取消一些项目等）"具有非常重要的意义。

此外，前文中介绍的这个敏感性分析只使用了一个变量，但也有使用多个变量，同时思考最优状况和最差状况的方法。这也被称为"最优、最差分析"。

在对最优或最差的范围进行设定时，一般应该选择有可能出现，而且绝对不能忽视的范围。比如最差状况可以设定为"出现竞争对手，导致平均单价下降若干，顾客数量减少若干。与此同时，成本提高若干的可能性也不能忽视"。在组织内部进行讨论时，针对上述问题事先想好对策并共享非常重要。

一般来说，企业更容易将注意力放在最差状况上。因为人类都有回避风险的倾向，毕竟一旦企业破产就会满盘皆输。

有时候也会出现"明明能取胜的时候却没能取胜""明明能赚钱的机会却没能赚钱"等情况。为了避免出现这种情况，应该对最优和最差两种可能性都适当地予以关注。

◎【分析的方法④】模式

模式与趋势多少有些相似的意义，趋势一般指的是按照时间顺序进行分析，模式则是根据两个以上要素的关系性来进行分析（换句话说，趋势就是只有一个时间要素的模式）。

把握模式时最迅速也最有效的方法就是绘制散布图。图表4-11是笔者绘制的某班级发言分数与报告分数之间相关关系的散布图（顺带一提，顾彼思商学院学生的成绩由发言分数与报告分数决定。发言分数由数量与品质两方面决定）。

通过这个图表可以发现以下的情况（这个图表是根据某时期特定班级的情况为基础制作的，并不能代表普遍情况）。

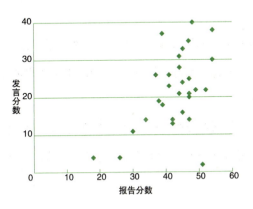

图表4-11 某班级发言分数与报告分数

• 平时积极发言的学生，报告成绩也比较优秀。

• 也有少数发言较少但报告成绩优秀的学生。

根据上述情况能够得出以下的结论。

• 站在学生的角度来说，平时不积极发言，仅凭报告来逆转局面非常困难。

• 有些人虽然能力优秀（至少在分析和文章构成上拥有优秀的能力），却因为性格内向而不擅长公开发言。顾彼思商学院在推行以案例学习和群体讨论为主的课程上，还需要建立起让这样的人才积极发言的体制。

在对上述问题进行思考时，也不能只以"相关系数"的数字计算结果来进行判断，还要用眼睛来观察散布图帮助思考。

根据笔者的经验，整体的模式固然非常重要，但与整体模式格格不入的"异常"样本也往往能够带来重要的启示。

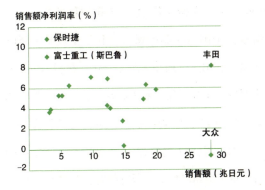

销售额净利润率（%）

◆ 保时捷

◆ 富士重工（斯巴鲁）

丰田

大众

销售额（兆日元）

图表4-12 汽车企业的销售额与净利润率

　　图表4-12是世界知名汽车生产企业的销售额与净利润率的相关图（2015年度）。因为各国税率不同，所以这里没有选用营业利润率进行比较，而是选用了净利润率。转换为日元时按照当时的汇率进行计算。

　　一般来说，汽车行业属于规模经济发挥作用的行业，"规模越大收益越高"。但在图表4-12上，这一点却并没有体现出来（如果将横轴换成产量的话，图表可能会有所变化，但假设汽车的价格没有太大的差异，那么最终的图表还是会和现在相差无几）。销售额与丰田不相上下的大众在当时受伪造数据事件的影响，利润率大幅下降。而销售额很小的企业反而拥有不逊色于丰田的利润率。

请看位于图表左侧的保时捷和富士重工（斯巴鲁）。保时捷属于利用高价商品实现差异化，在利基市场取得成功的典型例子（如果用产量做横轴的话，保时捷在图表上的位置还要更靠左）。保时捷的品牌力是其他竞争对手在短时间内无法超过的，使得其能够保持自己独特的地位。

富士重工（斯巴鲁）的斯巴鲁翼豹取得了"年度汽车"的称号，对其利润率的提高起到了一定的作用，但更重要的是富士重工将目标市场转移到北美的"选择与集中"战略取得了巨大的成效。虽然富士重工在日本市场的占有率并不高，其专门面向北美市场开发的低成本商品却大获成功。

保时捷和富士重工这两个不管是品牌还是商品都截然不同的企业竟然在图表中处于同样的位置，虽然有一些偶然的成分在里面，但也可以说是非常耐人寻味的现象。

在对图表进行分析时，关注与整体趋势不同的异常值非常重要，而在样本数量比较少的情况下，关注专有名词往往能够获得一些有用的启示。

◎注意是否存在因果关系

在根据相关性进行的分析中，除了要关注是否存在相关关系，还要注意是否存在因果关系。比如将同性别同年龄层的人群绘制成散布图，会发现身高与体重之间存在很强的相关关系，这可能是"身材越高、体重越大"的因果关系导致的。

要想证明因果关系的存在，除了相关关系，还需要"不存在介入因素""因果顺序（原因→结果）正确"这两个条件。

所谓介入因素，指的是可能给各个因素造成影响的要因。比如一般来说，尿酸值高的话，与肝功能相关的γ-GTP值也会升高。这个数值升高就意味着肝功能下降。

乍看起来，好像是尿酸值升高会导致肝功能下降（或者刚好相反），但实际上并非如此。因为这里存在介入因素，那就是酒精的摄取量。也就是说，摄入酒精会导致尿酸值和γ-GTP值升高，使两者之间产生相关关系。这被称为疑似相关。

虽然要想准确地证明介入因素并不存在非常困难，但在根据相关关系进行分析时应该经常思考"是否存在介入因素"。

关于介入因素有一个非常典型的例子，那就是"成功考上东大的人大多都学习了钢琴"。但这并不意味着"只要学习钢琴就能考出好成绩"。请大家思考一下其中存在的介入因素是什么？

至于因果关系的顺序，举个简单的例子就是"盐分摄取越多的地区，高血压和循环系统疾病的发病率越高"。但并非所有的情况都像这样有科学研究的证明。假设存在"夫妻之间交流的时间越多关系越好"的相关关系，就无法简单地证明究竟是"因为交流时间多所以关系好"还是"因为关系好所以交流时间多"。其中很有可能存在介入因素。

此外，有时候还存在"业绩与广告费"这种"鸡与蛋"的双方因果关系（因为业绩好所以有余力打广告，因为打了广告所以业绩得到提升）。

在这种情况下，与其绞尽脑汁证明因果关系，不如思考"如何让他人接受其中的因果关系"。

毕竟商务人士的职责并非证明，只要能够提出一定程度的因果关系，让大多数的人接受就足够了。

◎多重回归分析

在前文中，我们思考的都是作为原因的要素（变数）只有1个的情况。但在实际的生活中经常出现2个以上要素交织在一起，对变数造成影响的情况。

最典型的例子就是房租的价格。有的房子虽然距离车站很近，但因为空间狭窄而且光线不好，所以房租价格非常便宜。可能对房租价格造成影响的因素，包括"与车站的距离""空间大小""楼层""房间数量""建筑年数""周围的环境""是否发生过事故"等。

在这个时候多重回归分析就派上了用场。

一般情况下，用来表示普通关系（单回归关系）的算式如下：

$$y = a_1 x + b$$

而多重回归关系的算式则用多个变量来表示，如下：

$$y = a_1x_1 + a_2x_2 + a_3x_3 + a_4x_4 + a_5x_5 + \cdots + b$$

如果只是简单的分析，使用 Excel 的"回归分析"功能就可以立即完成（关于这部分内容请参见其他书籍，本书不做详细的介绍）。

本书想要强调的是最终反映在算式中的变量的选择方法。以前，人们大多按照自己的经验和直觉，选择自己认为"有效"的变量来提高说服力（这在数学上被称为可决系数，一般用符号 R 来表示，可决系数在0.8左右就有相当高的说服力）。但后来人们更常用 Excel 的"变量减少法"等"自动选择变量"的方法。

随着计算机技术的飞速发展，现在变量几乎都是自动选择的。结果就是出现了如图表4-13所示的状况。

【人类根据经验和直觉导出的算式】

可决系数=0.74

营业负责人的销售额=
a×个人能力+b×积极性+c×顾客的规模

【计算机导出的算式】

可决系数=0.94

营业负责人的销售额=
a×个人能力+e×营业时间+f×顾客的年龄+g×提案书的信息量

图表4-13 利用多重回归来预测营业负责人的销售额

人类导出的结果，因为比较符合人类的思维模式，虽然可决系数较低，却很容易令人接受。而计算机导出的结论虽然可决系数更高，却让人无法在第一时间理解为什么顾客的年龄和销售额有关，为什么简洁的提案书不好。

关于如何理解这些数字，我将在第6章中为大家进行解说。

◎利用矩阵进行分析

还有一种对样本的关系性进行思考的方法，就是利用矩阵进行分析。这是以两个不同的突破口为轴，确认各个样本分别位于什么位置，对其平衡性进行分析的方法。

图表4–14和图表4–15是CE/CS分析的示例。CE指的是顾客期待值，CS指的是顾客满意度。在图表4–15英语学校的例子中，15个主要调查项目中的7个位于右下角"顾客期待值高但满意度低"的象限中，这可以说非常危险。

图表4-14 CE/CS 分析

图表4-15 CE/CS 分析的示例（英语学校）

矩阵形式的框架和分析方法在 MBA 课程中大约有100个。根据笔者的经验，矩阵框架大约占全部框架的三分之一。如此用途广泛且功能强大的方法，希望大家一定要认真地学习和实践。

框架、分析工具	目的、使用方法
SWOT分析	分析自身企业所处的经营环境
优势矩阵	了解事业的特性
安索夫矩阵	寻找成长的方向
产品组合管理	分析经营资源的分配
GE矩阵	分析经营资源的分配
情景规划	对未来发生的事情提前做好准备
定位矩阵	明确自身企业的产品所处的位置
PM理论	区分领导者的类型
部下分析	区分部下的类型
意愿—能力矩阵	把握员工的能力与意愿的平衡
乔哈里视窗	站在自己与他人的角度把握自身的优势
紧急度/重要度矩阵	决定事物的优先顺序

图表4-16 矩阵型的框架与分析工具

图表4-16中为大家介绍了一些著名的矩阵型框架和分析方法，本书由于篇幅所限无法详细讲解，大家有时间的话可以了解一下。

◎【分析的方法⑤】流程

企业的活动不能盲目地进行，正如"组织是人的集合体，同时也是流程的集合体"这句话所说的一样，企业活动通常都是由某种程度标准化的流程组成的。

将整体活动分为多个流程，对每个流程的特征进行定量的、定性的把握，就是这种分析的方法。接下来我将为大家介绍几个著名的框架和典型的方法。

〈价值链分析〉

在根据流程进行分析的方法中，最著名也最重要的分析框架就是价值链分析。价值链是哈佛商学院的教授迈克尔·波特提出的非常有效的突破口（参见图表4-17），在平时使用时可以根据商业活动的特性对突破口进行调整（参见图表4-18）。

出处：迈克尔·波特著《竞争优势》（钻石社，1985年）

图表4-17 价值链

制造业	研究开发	采购	生产	物流	销售·市场营销	售后服务
零售业	商品开发	采购	物流	广告宣传	店面展销	营业	配送
广告公司	购买媒体	开拓顾客	商品企划	企划销售	广告制作	实施	监控

出处：顾彼思商学院著《顾彼思 MBA 经营战略》（钻石社，2017年）

图表4-18 根据行业做出调整后的价值链

价值链分析以商业活动的特征为突破口，通过对各功能（特征）进行定性的分析和成本比较，导出应该采取的对策。

图表4-19是对实体店 A 社和电商 B 社的成本进行比较的价值链示例图。通过图表可以看出，这两家企业的销售规模基本相同，而电商 B 社通过省略流通环节等方法降低成本，充分利用网络进行市场营销，最终取得了比 A 社更高的利润率。

A 社在电商的竞争压力下需要采取应对的措施，或者也转型成为电商，或者突出实体店铺的附加价值来提高单价。

价值链分析不仅能够从宏观的角度对事业进行分析，也可以从微观的角度对自己的业务流程进行分析（参见图

表4-20）。通过将整体的流程细分化，可以更准确地把握实际情况。

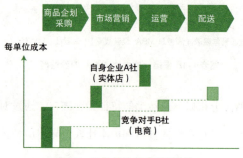

图表4-19 与其他企业进行比较

图表4-20 业务流程的详细分解

〈漏斗分析〉

对流程进行分析时还有一个典型的分析方法就是漏斗分析。这种分析方法能够应用于所有的流程中，但最常用于市场营销和营业流程，把握哪个部分应该进一步提高效率。

比如在图表4-21中，"提案→下单"的步骤以及"下单→重复下单"的步骤似乎存在问题（需要在企业内部进行对比，或者与其他企业进行对比）。

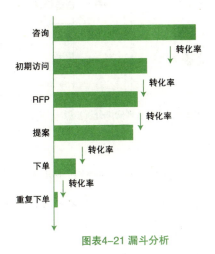

图表4-21 漏斗分析

对于"提案→下单"的步骤，可以采取制作更有吸引力的提案书，或者提高营业负责人表达能力等对策。重复下单率低可能是客户对服务的满意度低导致的，可以采取提高服务品质或者对服务内容进行调整等对策。

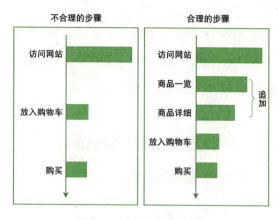

图表4-22 合理安排分析步骤

在进行漏斗分析时，合理安排分析的步骤十分重要。比如图表4-22左侧的示例，前两个步骤之间的跨度太大，导致其数据缺乏实用性。

漏斗分析的目的不是将数字罗列出来，而是为了得出对组织有益的启示。在安排分析步骤的时候一定要意识到这一点。

随着顾客的行为（尤其在市场营销领域）愈发复杂化和多样化，导致漏斗分析的效果大不如前。

但即便如此，漏斗分析对于大致把握实际情况仍然是非常有效的方法，请大家在了解上述问题的基础上适当地加以利用。

〈瓶颈分析〉

瓶颈分析是经常与流程分析搭配使用的分析方法。瓶颈指的是容器中最细的部分，用来控制液体流出的速度，在商业活动中代表一系列流程中节拍最慢、会对整体速度造成影响的环节。

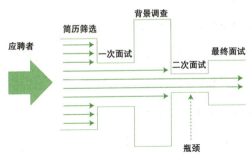

图表4-23 瓶颈分析（招聘业务的示例）

比如在图表4-23中，与其他环节相比，二次面试的节拍最慢，所以这个环节就是整体的瓶颈。如果因为二次面试导致整体工作停滞不前，那么给其他环节准备的经营资源就无法得到充分的利用，使整体的运转率降低。

如果对瓶颈置之不理，可能会导致收益性下降、顾客满意度降低等各种问题。比如在餐厅中，负责点单和传菜的服务员数量远远少于顾客数量，导致厨房的运转率降低、厨师长时间等待的情况，不但会造成人工成本的浪费，还会使顾客产生不满。

一般来说，当发现瓶颈之后，应该第一时间将其消除。消除瓶颈的方法有很多，最简单的方法就是增加人手或者增加设备。

不过这样做会使固定成本增加，而且固定成本一旦增加就很难减少，所以在做出决策之前务必要慎重考虑。

在雇佣更多的员工之前，可以考虑将现有的员工培养成多能工（能够从事多项业务），将闲置的资源充分地利用起来，从而达到提高运转率的目的。

比如刚才餐厅的例子，可以采取让厨房里的学徒工去帮忙点单和传菜，或者提高价格控制顾客人数等措施。对于图表4-23招聘业务的例子，可以对负责筛选简历的人和负责背景调查的人进行培训，让他们也能够帮忙进行面试，对于提高整体运转率十分有效。

当然，仅凭瓶颈分析很难判断应该采取什么对策。因为导致瓶颈出现的原因有很多。在这种情况下，要想判断哪个对策更加合适，必须像图表1-4所示的那样通过各种各样的基准来进行比较。因为瓶颈关系到事业的收益性和生产性，所以必须对瓶颈保持高度的敏感。

◎【分析的方法⑥】不确定性

在前文中，我们看到的都是易于数值化的内容以及分解后易于进行分析的内容（价值链等）。

但实际上分析并没有那么简单。在许多情况下，我们都必须对乍看起来找不到突破口的对象进行分析。比如下面这些对象。

- 个人的干劲

- 组织的状态

- 人际关系的状态

- 顾客的深层心理

- 行业的氛围（情绪）

当然上述这些中，也有能够在一定程度上数值化的内容。比如"个人的干劲"，可以通过"请用1~10来对自己的干劲做出评价"的问卷调查来得出数值。

但这样得出的数值既不能保证是否准确，也不能保证是否能够派得上用场。毕竟"干劲"这种东西即便在同一天中也可能会发生变化，而且在问卷调查的前提下，回答者对于这个问题很有可能不会给出真正的答案。

除此之外，还有本人觉得自己干劲十足，但周围的人完全不这么认为的情况。

比"干劲"更难数值化的是"顾客的深层心理"。"深层心理"是顾客自己都没有意识到的心理，顾客本人对其往往没有正确的认知。

那么，类似这样的"不确定性"应该如何处理呢？由于不确定的对象太多，在这个问题上并没有完美的解决方案，但我可以为大家提供一些解读的提示。具体来说包括以下5点。

1. 在可能的范围内数值化

2. 在提问方法上下功夫

3. 充分利用框架

4. 磨炼自己的直觉

5. 集思广益

〈 **1. 在可能的范围内数值化** 〉

仍然以前文中提到过的"干劲"为例。虽然这确实是充满不确定性的因素，但仍然可以通过一些方法将其数值化。

比如将干劲分为10个等级，同时给每个等级划分出相应的定性表现——"10. 充满干劲""6. 说不好""1. 毫无干劲"。

顺带一提，市场营销中常用的净推荐值（NPS，Net Promoter Score，比如"你会向亲戚朋友推荐这款产品 / 服务吗？"）也会给每个等级划分出相应的定性表现，10是"非常想推荐"，5是"说不好"，0是"完全不想推荐"。

对于本人认知和他人看法存在偏差的情况，可以采取自我评价与他人评价相结合的方法，用综合的数值来对偏差进行修正。

对于本人也难以准确表达的内容，可以利用代理变量来进行把握。比如心理健康情况就属于本人无法准确表达的内容之一。这时可以将"迟到次数""当天请假的次数"等容易检测的数值作为代理变量，以此为基础推测员工的心理健康度。

事实上，在人力资源科技（HR Tech）领域，利用这些信息来推测员工的心理健康度、判断员工几个月之后可能离职的概率具有相当高的准确率。

正所谓行动是意识的表现，因此从行动的角度对意识这个难以把握的要素进行检测是非常合理的。

〈 **2. 在提问方法上下功夫** 〉

有些内容即便直接提问或者通过问卷调查，回答者也难以给出准确的回答。顾客的深层心理就是最典型的例子。为了挖掘出顾客的深层心理，就必须在提问的方法上下功夫。这也是如今备受关注的顾客心理分析中最常用的方法。

三得利开发绿茶"伊右卫门"的时候，在用户调查中提出了这样一个问题。

日本政府似乎要出台一个新法案，在未来一年之内禁止泡茶喝。你作为代表，为了能够继续喝到绿茶必须对这个法案提出反对。具体要如何反对呢？

通过这个问题，可以把握消费者对绿茶的真正需求（峰如之介著《为什么伊右卫门绿茶取得了成功》[SUBARU 舍，2006年]）。

这种乍看起来让人摸不着头脑的问题，反而会促使消费者展开思考，将平时无意识的判断用语言或文字准确地表述出来。

顺带一提，在"伊右卫门"的这个案例中，三得利通过问卷调查，发现了"绿茶对于拥有悠久历史与传统的日本人来说，是回归日本慢节奏生活的唯一饮品。茶最本质的价值，就是能够使人通过五感感觉到日本的慢节奏生活"这一日本人对绿茶的深层心理，并且以此为基础分析出日本人理想中的夫妻关系，将其表现在由本木雅弘和宫泽理惠出演的广告中。

使用比喻、联想以及视觉效果等也是把握深层心理的有效方法。比如某高级冰激凌品牌向其目标客群（成年女性）有奖征集以该品牌冰激凌为主题的绘画作品。收集到的作品大多描绘的是开心的笑容、幸福的表情、将冰激凌藏在冰箱里面不想被别人发现的动作等。而且绘画作品中的时间大多在夜晚（从画面上的时钟、窗外的月亮等背景可以看出）。

由此可见，消费者对这个品牌冰激凌的印象是"辛苦一天之后对自己的奖励"，并没有将其当成普通的甜品。

既然如此，这款冰激凌在做广告的时候也应该强调这一点，使自己与那些面向儿童的冰激凌有所区别。

〈3. 充分利用框架〉

即便是充满不确定性的内容，也能够在一定程度上利用框架进行分解。

比如对组织进行分析乍看起来非常困难，但只要利用7S——结构（Structure）、制度（System）、风格（Style）、员工（Staff）、技能（Skill）、战略（Strategy）、共同的价值观（Shared Values）——这个框架进行分解，就可以把握组织各个要素的特征，以及各个项目之间是否整合。

图表4-24是利用7S对某职业棒球队进行分析的示例。通过这个图表不难看出，这支球队整体上平衡性非常好，应该能够取得优异的成绩。

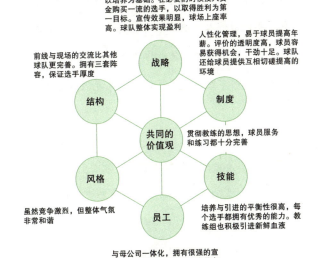

以培养为基础。在必要的时候投入资金购买一流的选手，以取得胜利为第一目标。宣传效果明显，球场上座率高。球队整体实现盈利

人性化管理，易于球员提高年薪。评价的透明度高，球员容易获得机会，干劲十足。球队还给球员提供互相切磋提高的环境

前线与现场的交流比其他球队更完善。拥有三套阵容，保证选手厚度

贯彻教练的思想，球员服务和练习都十分完善

虽然竞争激烈，但整体气氛非常和谐

培养与引进的平衡性很高，每个选手都拥有优秀的能力。教练组也积极引进新鲜血液

与母公司一体化，拥有很强的宣传力。球队整体竞技水平也很高

图表4-24 利用7S进行分析的示例（福冈软银鹰队）

专栏：语言化

　　在对不确定的内容进行分析时，语言化是非常有效的方法。所谓语言化，就是将头脑中思考的东西转变为语言或文字。

　　著名的哲学家弗朗西斯·培根曾经说过，"读书使人充实，讨论使人机智，笔记使人准确"，只用眼睛看和用大脑思考而不将其转变为文字，就难以使分析进行下去。此外，如果不能对他人准确地进行说明，就无法展开有意义的讨论，难以获得有助于分析的启示。

那么，如何才能实现语言化呢？笔者认为需要注意以下几点。

· 尽量多阅读文章，积累词汇量，学习表现方法。

· 养成写文章的习惯，现在也可以尝试在社交网站上做记录。

· 准确地向他人传达自己的想法。观察对方的反应是否与自己预期的相同，判断自己的想法是否准确地传达给对方。

· 向善于语言化的人请教经验。

只要坚持做到上述内容，不但能够提高自己的语言化能力，还可以提高逻辑思考能力和分析能力。希望大家一定要尝试一下。

〈 4. 磨炼自己的直觉 〉

天使投资人在向初创企业投资时，与该企业的商业模式相比往往对创业者（或者包括创业者在内的经营团队）更加重视。

在这个时候，投资人当然会通过框架对创业者进行分析。比如通过"热情""经营知识""行业知识""个人能力"等视角进行分析。但实际上那些经验丰富的投资人大多将这些分析工作交给年轻人去做，自己则更加重视直觉。这里所说的"直觉"并不是单纯的"想当然"，而是由经验支撑起来的洞察和智慧。

那么，这样的直觉要如何磨炼呢？

首先要尽可能多地积累经验。除了长期从事相关工作，还可以学习他人的经验。比如通过阅读来获取其他经营者和历史名人的经验，也可以向其他经营者请教学习。

换句话说，要时刻保持积极学习的态度，这是提高直觉能力的关键。

正如前文中提到过的那样，将直觉语言化也是提高直觉能力的有效方法。虽然将直觉语言化非常困难，但只要努力还是能够做到的（毕竟人类如果没有语言就无法思考）。坚持将直觉语言化，以显性知识的方式保留下来并不断完善，可以进一步提高直觉能力。

关于磨炼直觉的方法，有许多人从不同的角度提出了各种各样的方法。大家不妨利用网络收集一下相关的信息，也算是一种练习。

〈5. 集思广益〉

在对充满不确定性的内容进行分析时，即便是在某一领域直觉非常敏锐的人，一旦换了另外的领域也往往无法拥有同样敏锐的直觉。

假设某电影公司打算以整个行业都从没有拍摄过的题材拍摄一部作品，首先肯定要进行各种各样的讨论。以日本为例，投资10亿日元拍摄一部电影就是能够排进年度前10位的大成本大制作，所以相应的决策也要慎之又慎。

在这个时候，前文中提到过的决策树就几乎派不上用场。因为以前从没有过类似的情况，所以无法设定投资收益率。

就算事先对观众说明电影的剧情梗概和主题并进行问卷调查，恐怕也很难获得正确的结果。越是像这样前所未有的革新的产品和服务，顾客在实际接触到之前越难以真正地了解其中的价值。

比如索尼著名的热门产品"Walkman"，在企划当初也因为没有录音功能、价格昂贵等原因而被许多人认为根本卖不出去。如果没有盛田昭夫力排众议的决策，恐怕"Walkman"就会"胎死腹中"了吧。

那么，要如何对这个产品进行判断呢?

最简单且有效的方法就是集合许多有识之士的智慧，从各种角度进行讨论，对意见进行集约。集合到的人越多，信息和视角也就越多，越容易将讨论引领到正确的方向。

不过在对意见进行集约时也存在技术上的问题。尤其是以最常见的会议方式收集意见时，一部分声音比较大的人的意见往往最引人注意，结果在从众压力的影响下，真正期待的意见没能得到表述的机会。

为了避免出现这种情况，需要设置一个主持人对讨论的方向进行把控，但这对主持人的能力有比较高的要求。有些方法虽然确实非常有效，在实际操作时却存在着较高的难度，大家务必注意这一点。

此外，接下来的专栏中介绍的德尔菲法（Delphi

Method）也是避免这种会议陷阱的有效方法之一。虽然这种方法有利有弊，但多了解一些终归会有所帮助。

这是收集集体智慧的方法之一，由美国的兰德公司开发。原本这是对科学技术的进化和应用进行预测的方法，后来被推广到其他领域。这种方法的大致流程是在对所要预测的问题征得专家的意见之后，进行整理、归纳、统计，再匿名反馈给各专家，再次征求意见，再集中，再反馈，直至得到一致的意见。

因为专家们不必集合到一起召开会议，所以自然没有从众压力，而且因为专家们相互之间不知道意见是谁提出的，所以更能够畅所欲言。用这种方法来收集专家的意见非常有效。

不过，对发给专家们的调查问卷进行整理和归纳需要极高的能力，所以这种方法实际操作起来非常困难。一般来说，普通企业很少采用这种方法，政府机关和智库是这种方法的主要用户。

第5章

事例篇：利用著名的框架进行分析

本章将以基于事实的虚拟示例为题材，在确认分析流程的同时，为大家介绍一些比较常用的分析框架。实际的事例并非发生在假肢行业。

设定（虚拟）

山田假肢工业（以下简称山田）主要开发轻型假肢，是一家在假肢市场很有影响力的企业。不过，由于日本市场的规模很小，因此山田打算进军海外的 A 国市场。A 国不但拥有很多人口，而且有许多伤残军人，潜在的假肢市场需求远超日本。

A 国已经有阿波罗和比姆两家假肢企业。而且由于 A 国政策上的原因，外国企业无法单独进入 A 国市场，只能与上述两家企业合作，并利用其销售渠道来进行销售。那么，山田应该与哪家企业合作呢？

对市场整体进行分析
——PEST 分析、细分分析

    首先需要对 A 国的假肢市场进行调查。根据调查资料可以得知，A 国的假肢用户大约有10万人，市场规模换算成日元大约380亿日元，市场年增长率大约19%。阿波罗公司的销售额为154亿日元，占市场份额的40.5%，比姆公司的销售额为226亿日元，占市场份额的59.5%。

    接下来再简单地对宏观环境进行分析。宏观环境分析就是对企业经营所处的大环境进行分析，最著名的分析方法就是前文中提到过的 PEST 分析，对政治（Politics）、经济（Economy）、社会（Society）、技术（Technology）的发展趋势进行分析。如果不遵循社会发展的规律，商业活动就很难取得成果，所以在做出决策之前必须对宏观环境进行分析。在本案例中，PEST 分析的结果如图表5-1所示。

从图表中可以看出，A 国的假肢市场今后还将继续扩大，很有发展潜力。应该在其他海外企业进入之前迅速地占领市场，提高品牌认知度。

政治（Politics）	· 今后高价的假肢将被纳入保险范畴 · 最近开始允许外资企业进入，但目前外资企业不能单独进入，必须与当地企业展开合作 · 政治局势稳定
经济（Economy）	· 预计人均GDP顺利增长 · 经济稳定，汇率变动也很低
社会（Society）	· 很多残疾人也积极外出 · 对残疾人没有偏见 · 残疾人也热衷于体育运动
技术（Technology）	· 目前还没有能够代替现有假肢的革新型产品 · 机械假肢逐渐增加

→整体环境比较稳定，没有需要特别注意的地方

图表5-1 PEST 分析的结果

根据前文中调查的结果，或许很多人都认为应该与市场占有率更高的比姆公司展开合作。

但现在下结论还为时尚早。因为假肢有许多种类型，各个企业也有自己擅长和不擅长的领域。

经过实际调查发现，A 国的假肢市场大致可以细分为4个领域，阿波罗公司和比姆公司各自擅长的领域有很大的区别。

但遗憾的是，关于各个领域的具体信息没有相关的资料。于是山田的员工前往当地，对两家企业的相关人士进行了采访和咨询，对各个领域的销售情况进行了计算，最终得出的结果如图表5–2所示。

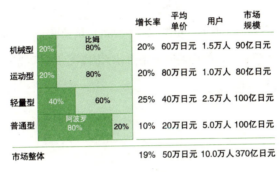

图表5–2 市场规模与份额

			增长率	平均单价	用户	市场规模
机械型	20%	比姆 80%	20%	60万日元	1.5万人	90亿日元
运动型	20%	80%	20%	80万日元	1.0万人	80亿日元
轻量型	40%	60%	25%	40万日元	2.5万人	100亿日元
普通型	阿波罗 80%	20%	10%	20万日元	5.0万人	100亿日元
市场整体			19%	50万日元	10.0万人	370亿日元

不过，在实际操作时，进行这样的计算是非常困难的。尤其是新兴国家，统计数据往往非常不完善，所以在收集前提条件时需要付出极大的辛苦和努力，希望大家了解这一点。在此假设上述收集到的信息都是准确无误的，以此为前提进行接下来的讨论。

山田擅长的领域是轻量型假肢，从上述资料来看，与在该市场领域占有优势的比姆公司展开合作似乎是比较合适的选择。但实际上真是如此吗？

图表5-2中比较令人在意的是，不同领域的市场份额偏差非常明显。在机械型和运动型市场中，"高科技系"的比姆公司占有压倒性的优势，而在普通型的廉价假肢市场中，阿波罗公司则遥遥领先。对于擅长介于普通假肢和高科技假肢中间的轻量型假肢领域的山田来说，还需要对"各个市场领域的份额究竟是由什么因素决定的"这一点再进行一些分析。

对阿波罗公司的分析
——假设立案、3C分析、7S分析

经过调查发现了一件意外的情况。比姆公司早在10年前就已经开始生产轻量型假肢，而阿波罗公司则是在4年前才进入这一市场，并且迅速地取得了40%的市场份额。

负责调查的员工分别拿到比姆公司的轻量型假肢和阿波罗公司的轻量型假肢进行对比，得出了一个惊人的结论。

两者的定价基本相同，但比姆公司的产品在轻便性和易用性上略胜一筹。换句话说，早就进入这一市场并且在产品性能上拥有优势的比姆公司，被后来者阿波罗公司迅速地抢占了市场份额。这个事实反映出了什么问题呢?

根据上述事实，可以建立起几个假设。在这里我们通过两个假设来继续进行调查。

假设1：比姆公司的产品存在令人难以发现的瑕疵。

假设2：用户对性能并不重视。

关于假设1，在对 A 国的行业相关者进行采访之后，立即就被否定了。阿波罗公司和比姆公司的产品在耐用度上不相上下，也从没发生过严重的问题。

这样一来剩下的就只有假设2了，用户在购买轻量型假肢的时候对性能并不是非常重视。这是一个非常耐人寻味的事实。那么用户究竟是以什么为标准选择假肢呢？

由于针对这个问题无法建立起明确的假设，于是调查团队本着"市场的情况问顾客"的原则，对多名用户进行了采访。正如前文中提到过的那样，虽然假设思考非常重要，但在难以建立起假设的时候，适当的调查也是必不可少的。

调查的结果同样令人意外。比姆公司的用户大多表示"在网上搜索后发现很多人推荐比姆公司的产品，所以就选择了这个"，而阿波罗公司的用户则表示"去销售假肢的店铺购买时，店里的人推荐我购买这款产品"。这里所说的店铺是同时还销售轮椅和药品的流通业者。

也就是说，对假肢有一定的要求而且自己积极收集信息的用户就会选择比姆公司的产品，而对假肢没有太高要求的人则会选择阿波罗公司的产品。

根据上述信息，大家能够建立起怎样的假设呢？

调查团队建立的假设如下。

阿波罗公司为了让店铺愿意推荐销售自己的产品（向用户推荐），一定采取了某些措施。

比如去医院进行推销，让医院将阿波罗公司的假肢作为处方假肢，或者直接向流通业者推销，让流通业者推荐阿波罗公司的产品。

根据这一假设，调查团队对几家有代表性的店铺进行了访问，结果和预想的一样，阿波罗公司对店铺进行了推销，让店铺的人向顾客推荐阿波罗公司的产品。店铺的具体反馈如图表5-3所示。

经过上述一系列的调查，事实就逐渐清晰了起来。比姆公司主打高科技产品，利用康复机构的渠道进行销售，而阿波罗公司则主要通过店铺渠道以推销的形式销售普通型产品。

但是，本来具有一定高科技要素的轻量型假肢为什么在店铺渠道也销量很好呢？店里的人是这样回答的。

最开始轻量型假肢确实有很强的高科技要素，但最近已经非常商品化了，所以店铺渠道销售也没问题。

图表5-4是站在阿波罗公司的立场上进行的3C分析。3C分析就是对市场·顾客（Customer）、竞争对手（Competitor）、自己公司（Company）进行分析，得出对商业活动有帮助的启示。这是在经营战略和市场营销领域十分常用的分析方法。

"阿波罗公司的产品利润高，批量采购的话折扣力度大。所以如果顾客没有特殊要求，我们都会推荐阿波罗公司的产品。"

"阿波罗公司除了假肢之外还有轮椅等商品，每售出一个我们都能拿到回扣，而比姆公司只专门生产假肢，所以在这方面的优惠力度差一些。虽然他们的产品确实更好。"

"阿波罗公司的销售负责人经常来店里打招呼，比姆公司的人则几乎不来。送货也是阿波罗公司的速度更快一些。比姆公司的销售负责人对我们这样的店铺并不重视，他们的重点是医院开设的康复机构。"

"医生开的处方上基本不会指定购买哪家的商品。大概20个里面能有1个吧。"

图表5-3 店铺的声音

市场·顾客 （Customer）	·市场很有发展潜力 ·轻量型假肢的市场前景最好，其次是机械型、运动型 ·普通、轻量和机械、运动的决策单位（DMU）不同 ·轻量型假肢迅速商品化，销售渠道也发生了改变
竞争对手 （Competitor）	·目前的竞争对手只有专门生产假肢的比姆公司 ·比姆公司的强项是康复设施渠道 ·比姆公司不擅长店铺渠道的推销 ·比姆公司的企业文化是"用更多的时间卖更贵的商品" ·在政策限制下，突然出现强有力竞争对手的可能性很低
自己公司 （Company）	·并不专门生产假肢，能够利用与其他产品形成的范围经济效应（生产、营业、物流等） ·企业规模比比姆公司更大，财务体制也更好 ·组织的应变策略灵活，鼓励尝试

→对于以轻量型假肢为主的山田来说，更适合与阿波罗公司展开合作

图表5-4 站在阿波罗公司的立场上进行3C分析

通过上述分析可以看出，山田更适合与阿波罗公司展开合作。山田的产品比阿波罗公司的产品性能更好，可以作为轻量型假肢的高端品牌推向市场。毕竟这次最重要的经营课题就是在新市场中保证销售渠道，与拥有销售渠道的阿波罗公司合作非常合适。

不过，合作也要看两家企业是否合适，如果两个格格不入的组织强行结合在一起，也无法取得理想的结果。山田在日本比较接近于比姆公司，一直坚持"认真生产优质商品"的宗旨。

在这个时候，就要用到组织分析的著名工具7S了。通

过对与组织相关的7个要素进行分析，可以明确组织的特征，找出组织存在的问题点。

	山田	阿波罗公司
战略 （Strategy）	· 重视品质、以全球利基市场为目标	· 全心全意为残障人士服务 · 希望能够吸收其他企业的优秀产品
结构 （Structure）	· 没有明显的特征	· 擅长营业，尤其是推销
制度 （System）	· 以顾客满意度为主的评价制度	· 重视营业成绩的同时也重视顾客满意度
共同的价值观 （Shared Values）	· 给更多的患者提供更好的产品	· 为创建让所有人都"宜居的社会"做出贡献
风格 （Style）	· 重视自由、平等、社会贡献	· 勇于挑战
员工 （Staff）	· 缺少全球化人才	· 重视营业。在生产上存在一些问题 · 对不同的文化有很强的包容度
技能 （Skill）	· 擅长生产	· 擅长销售

图表5-5 山田与阿波罗公司的7S比较

图表5-5是对山田和阿波罗公司进行的7S分析。为了进行7S分析，需要通过当地的媒体收集信息，还需要参考店铺以及公司员工的声音。

从上述分析可以看出，两家企业的组织类型完全不同（这也是理所当然的），但在根本的经营理念部分基本一致，战略上也存在较强的互补性。由此可以判断应该展开合作。

在数字模拟方面，按照"Best Estimate"的数值进行计算的结果（详细前提省略）显示，3年就能收回投资成本，然后会连续盈利。与阿波罗公司自身产品之间的竞争也没有太大的问题，产品种类的增加可能会使消费者更加满意。

当然，合作也并非毫无风险，虽然山田也考虑了最坏的情况，但公司内部一致认为"在有机会的时候就要抓住机会"，只要对过程进行把控就能最大限度地降低风险。

整个过程如下所示。

我们应该与阿波罗公司合作以进入 A 国市场。

- 两家企业在战略上存在互补性
- 组织文化相似，亲和性高
- 能够尽快收回投资
- 与阿波罗公司自身商品的竞争关系不大

在经过一系列的内部讨论之后，最终山田决定正式向阿波罗公司提出合作请求。阿波罗公司方面也对山田公司的合作请求感到非常高兴。在关于销售手续费等问题上两家企业没有出现太多的分歧，很快就签订了合作协议。

此外，两家企业不仅在销售方面展开合作，而且签订了生产技术指导的合同。虽然在事前调查时没有发现，但阿波罗公司对自身的生产效率抱有很强的问题意识，这正好是山田的强项。

【预测盈亏计算表】					（单位：亿日元）	
年度	0	1	2	3	4	5
品类市场规模	100	125	156	180	198	208
占有率（%）	0.0	10%	13%	15%	15%	15%
销售额	0.0	12.5	19.5	27.0	29.6	31.1
销售成本	0.0	7.5	11.7	16.2	17.8	18.7
%（占销售额的）	60%	60%	60%	60%	60%	60%
普通销管费	0.5	4.3	6.4	8.6	9.4	9.8
——销售委托成本	0.0	3.8	5.9	8.1	8.9	9.3
%（占销售额的）	30%	30%	30%	30%	30%	30%
——人工成本（固定成本）	0.5	0.5	0.5	0.5	0.5	0.5
初期投资	2.0					
营业利润	−2.5	0.8	1.5	2.2	2.5	2.6
累计盈亏	−2.5	−1.8	−0.3	1.9	4.4	7.0

注1：从更严谨的角度来说，应该制作预测资产负债表，利用金融的方法——现金流为基础对NPV（净现值）等进行计算，但在此处为便于理解只使用了简易版。

注2：品类增长率等在第三年之后的数值都是保守估计。

图表5-6 财务模拟（简易版）

对于阿波罗公司来说，与山田展开合作不但能够增加自身的产品种类，还能够提高生产工程的技术水平，有助于提高整体价值链。

最终的结果如图表5–6的预测盈亏计算表所示，投资回收期间预计为3年。

图表5-7 阿波罗公司的价值链强化

这次的案例是在毫无经验的海外市场进行分析的示例。在这种情况下进行的分析往往比较草率，难以顾及细节。

这个案例成功的关键在于负责人前往当地获取一手信息，对建立的假设认真地进行验证，搞清楚商业活动的本质。

其他的著名分析框架

接下来我将为大家介绍在前面的案例中没有提到的其他4种比较有代表性的分析框架。这些框架都拥有很高的实用性，是商务人士必须掌握的内容。

◎【有代表性的分析框架①】优缺点（Pros/Cons）分析

这是将特定方案的优点（Pros）和缺点（Cons）都列举出来，思考是否应该实施的分析方法。也可以说是将人类大脑中的思考缜密地书写出来的分析方法。

图表5-8是某人在思考应该购买住房还是租房时，站在购买住房的立场上进行的 Pros/Cons 分析。从这个事例也可以看出，Pros/Cons 分析不仅能够应用在商业活动中，还可以应用在许多情况上。

优点（Pros）	缺点（Cons）
· 如果能活到平均寿命的话，在金钱方面比较划算※	· 不知道资产是否会贬值（有风险）
· 还清贷款之后还能剩下一笔资产	· 遭遇地震等重大灾害时损失较大
· 老年的居住场所能够得到保证	· 周边出现问题也不能立即搬走
· 在偿还贷款过程中死亡也能给家人留下一大笔遗产	· 难以根据生活圈更换居住地
· 有贷款才有动力	· 不能将管理交给管理公司，只能自己管理
· 能够增加社会信用度	· 想卖的时候不一定卖得出去（或者想出租的时候租不出理想的价格）

※ 实际有大致的计算，此处将金额省略

图表5-8 Pros/Cons 分析示例（是否应该购买住房）

在进行 Pros/Cons 分析的时候需要注意，不能只看表面现象就草率地做出判断。必须冷静地将 Pros 和 Cons 全找出来，对两者的轻重进行比较，最终做出正确的判断。

此外，与自己一个人思考相比，团队一起进行 Pros/Cons 分析更能够提高决策的精度。因为对于同一件事情，有的人能够看到其积极的一面，而有的人则能够看到其消极的一面。比如"很难打开销路"这件事，如果换一个角度来看的话也意味着"一旦抢先打开销路就能建立起竞争优势"。像这样能够从多个角度对事物进行分析，也是团队进行 Pros/Cons 分析的好处之一。

对特定的方案进行 Pros/Cons 分析，在只有两个选项的情况下，Pros/Cons 分析确实非常有效，但如果选项的数量增加，那么通过 Pros/Cons 分析对各个选项进行比较来选出一个最佳方案，就变得非常困难。

在这个情况下，可以像图表1-4所示的那样将各个选项的要素都罗列出来，然后根据重要度来确定优先顺序。

在这个时候也尽量不要独自思考，而是应该通过团队讨论来决定各个选项的重要度，这样更容易做出对团体来说更好的决策。

◎【有代表性的分析框架②】商业模式分析

商业模式是近20年间才确立下来的新名词，简单说就是商业活动（事业）的特征。不同的人对商业模式的定义也略有不同，本书以哈佛商学院克莱顿·克里斯坦森教授提出的模型为准进行介绍（图表5-9）。

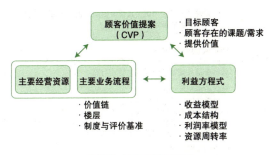

图表5-9 商业模式示例

　　图表中的"提供价值"（顾客价值提案）指的是"向什么人提供什么"，经营资源和流程指的是"如何提供这种价值"，利益方程式指的是"盈利方法"。综上所述，商业模式也可以说是"向什么人以什么方法提供什么价值来赚取利润"（事实上笔者在20年前就已经开始使用这种表述方法）。

　　让我们来看一下具体的事例。说起商业模式，大家首先想到的肯定是 IT 企业等新兴产业吧，但实际上不管是怎样的商业活动都可以从商业模式的角度来进行分析。

　　图表5-10是哈佛商学院的商业模式示例图。

CVP	·通过实践学习经营知识，与优秀的同学建立起人脉，学位 ·领导能力、团队管理能力 ·综合大学的人脉、交换生等
利益 方程式	·MBA课程收益颇丰 ·面向高层管理者的课程和案例外销、毕业生的巨额捐赠等。 　后两者是只有哈佛商学院才能做到的
流程	·独特的案例学习教学方法 ·在世界范围内招收优秀的学生 ·严格的末位淘汰制度（成绩差的学生需要退学） ·丰厚的毕业生支援 ·与研究相比，教师对教育更加重视
经营 资源	·优秀的案例知识 ·庞大的案例资源 ·强大的品牌效应 ·活跃的毕业生网络

图表5-10 哈佛商学院的商业模式

在"提供价值"中，与学院派相比更重视以案例学习为中心的实践派的教学方法是其最大的特点。

此外更加引人注目的是作为经营资源的案例（企业事例的教材）的丰富性，以及在世界范围内取得成功的毕业生数量。这也和利益方程式中的"案例外销"和"毕业生的巨额捐赠"等有直接的关系。

通过上述分析，可以非常清晰地看出在美国也占有特殊地位的哈佛商学院的特征。

请大家也试着对自身企业的商业模式以及竞争对手的商业模式进行一下分析吧。

◎【有代表性的分析框架③】财务指标分析

财务指标分析（也可以称为指标分析或者比率分析）是利用企业的损益表和资产负债表等财务报表的数字，对企业在商业活动上的特征以及问题点进行的分析。

最有代表性的财务指标如图表5-11所示。详细内容请参见专业的会计书籍。

指标	定义（算式）
【与收益相关的指标】	
ROA（资产收益率）	经常利润÷总资产
ROE（净资产收益率）	当期净利润（税后）÷自有资本
销售额总利润率	销售总利润÷销售额
销售额营业利润率	营业利润÷销售额
销售额经常利润率	经常利润÷销售额
【与效率相关的指标】	
总资产周转期	总资产÷（销售额÷365）
库存资产周转期	库存资产÷（销售成本÷365）
销售债权周转期	销售债权÷（销售额÷365）
【与安全性相关的指标】	
自有资本比率	自有资本÷（负债+净资产）
流动比率	流动资产÷流动负债
【与成长性相关的指标】	
销售额增长率	销售额增加额÷基准时点的销售额

图表5-11 典型的财务指标

接下来让我们以拥有许多独特商品线的养乐多总公司和伊藤园为例进行一下比较（图表5-12）。

通过这个图表可以看出，拥有独特的商业模式，没有真正竞争对手的养乐多总公司在各个方面的收益性都很高。虽然在效率上稍逊色于伊藤园，但这主要是因为养乐多在建筑和设备上的成本太高，属于商材特性的问题。此外在图表中虽然没有表现出来，但持有大量的现金虽然对安全性有好处，却对资产效率有负面的影响。

财务指标	养乐多总公司 （2017年4月期·合并）	伊藤园 （2017年4月期·合并）
【与收益相关的指标】		
ROA（资产收益率）	8.4%	7.1%
ROE（净资产收益率）	10.2%	10.2%
销售额总利润率	56.7%	47.5%
销售额营业利润率	9.9%	4.6%
销售额经常利润率	13.1%	4.5%
【与效率相关的指标】		
总资产周转期	565日	232日
库存资产周转期	63日	55日
销售债权周转期	53日	42日
【与安全性相关的指标】		
自有资本比率	58.6%	44.8%
流动比率	200.4%	214.1%
【与成长性相关的指标】		
销售额增长率	−0.1%	2.2%

图表5-12 养乐多总公司与伊藤园的财务指标分析比较

伊藤园虽然在茶饮料市场拥有第一的占有率，但在这个市场中还有可口可乐、三得利、麒麟等其他大型企业，竞争十分激烈，因此其收益性并不高。

虽然从图表上看养乐多总公司的财务内容更为健康，但实际上养乐多总公司也存在着一些问题。最明显的就是增长率。伊藤园在增长率降低的情况下仍然有2.2%的增长，而养乐多总公司的销售额却出现了下降的趋势。

股东们对增长和收益性都有要求，所以养乐多总公司在保持现有业务的基础上，还要尽快开创新事业并取得成功，这是其当前最大的课题。

◎【有代表性的分析框架④】利益相关者地图

这是通过找出自身（或者自身企业）周围的重要利益相关者，把握他们之间的关系和关注点，思考自己应该采取什么行动的分析。在谈判、法人营业以及制定事业战略时十分常用。

在制作利益相关者地图时，明确相关者的范围非常重要。因为将所有的相关者都包括进来的话，需要花费大量的时间而对提高效果并没有什么帮助。

一般来说，在找出重要的利益相关者时，关键在于不要出现遗漏。在此基础上，需要尽早把握重要利益相关者之间的关系和他们关注的内容。以法人营业为例，关键的购买者〔对购买有发言权，发挥重要作用的人被称为决策单位（DMU，Decision Making Unit）〕就是最重要的利益相关者，需要把握他们关心的问题以及相互之间的关系。

让我们来看一看图表5–13。通过这个图表可以看出，当前的交涉对象更倾向于选择竞争对手公司，但他／她的上司与我们公司之间有信赖关系，虽然这位上司属于尊重部下意见的类型，但把他／她邀请到谈判现场来对谈判结果应该有所帮助。此外，根据具体的情况还可以借助前辈A和前辈 B 的力量。

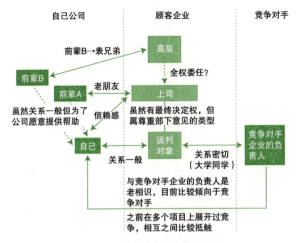

图表5-13 利益相关者地图的示例

在本章中我为大家介绍了常用的分析框架，但需要注意的是，分析只是过程，关键在于通过行动取得结果。

第6章

——— 为 AI 大数据时代分析的变化做好准备

在前文中，我一直以人力收集信息和进行分析为前提，按照"首先建立假设，然后收集信息、进行分析、验证假设，推动工作向前发展"的方法展开讨论。

这个过程本身是非常有效的，希望将这个方法作为基础，熟练地掌握。

但另一方面，尤其是近10年间出现了一个非常显著的趋势，那就是"将信息输入计算机，计算机就能自动地找出其中存在的规律，做出正确的判断"。亚马逊的推荐功能（根据搜索的单词和访问的网页等信息，对采取类似行为的用户的行动数据进行比较，然后进行商品推荐）就是最典型的例子。

可能有很多读者都看到过下面这个2012年的文章。

因为正在读高中的女儿收到了Target（注：美国大型零售连锁店）送来的摇篮和婴儿服装优惠券，居住在明尼苏达州明尼阿波利斯近郊的男子前往该公司的店铺抗议。但后来该男子发现女儿真的怀孕了，于是向Target公开道歉。

Target 竟然比女孩的父母更早发现女孩怀孕的事实，这究竟是怎么做到的呢？

原来 Target 给每名顾客都分配了一个专属的 ID。顾客使用信用卡购买的商品、在网页上浏览的信息以及在问卷调查上做出的回答等信息都会与自己的专属 ID 绑定在一起，Target 会对这些数据进行分析。

对于零售行业来说，结婚、就职、生产等人生的重大事件是绝佳的商业机会。通过对顾客的行为数据进行分析，找出即将迎来人生重大事件的顾客，为其提供促销优惠，就能达到促进销售的目的。

（中略）

根据美国媒体的报道，Target 发现该名女高中生怀孕的过程是这样的。Target 的统计专家们对25种商品进行分析时发现了怀孕初期的女性特有的购买行为。因为从该名女高中生的购买记录中发现了怀孕的征兆，并且推测出了预产期。于是在预产期即将到来的时候，Target 就向这名女性发送了摇篮与婴儿服装的优惠券。

（《日经 Business》2012年5月7日）

由此可见，除了互联网巨人亚马逊，其他的企业也能够利用 IT 技术做到这样的事情。

后来随着 IT 以及相关领域的发展，类似这样的分析变得更加容易而且成本更低。

在上述内容的背后，还有半导体性能的进化（摩尔定律：集成电路上可以容纳的晶体管数目大约每经过18个月便会增加一倍），以及服务器、云存储等的低成本化，但这些内容要是说起来就没完了，本书受篇幅所限不做介绍，大家感兴趣的话可以去参阅相关的书籍。本书主要针对"数据收集"和"分析"为大家进行解说。

AI 的进化

　　人工智能（AI）包括许多内容，其中最重要的就是机械学习。就像人类能够从不断的尝试和失败中总结经验一样，计算机也能够根据过去的经验进行学习，并以此实现高速的运算。

　　最能够体现机械学习效果的例子，就是2016年谷歌开发的围棋 AI"阿尔法围棋"战胜当时世界的顶级棋手李世石。本来人们预测围棋软件在2020年之后才有可能战胜人类，但 AI 发展的速度远远超出了人们的想象。

　　2017年，升级后的围棋软件"阿尔法围棋 ZERO"在与"阿尔法围棋"的对局中取得了100战全胜的成绩。人类与一年之前的自己进行对局，也不可能100局全胜。这一事例也充分地说明了 AI 进化的速度。

　　AI 可以在极短的时间内处理完人类完全无法处理的庞

大数据（比如直到地球毁灭也处理不完的数据）。虽然现在（2018年）AI还只是一部分企业和个人的专属工具，但就像计算机从大型机发展为个人电脑一样，AI在不久的将来也将走进寻常百姓家。

◎传感器的进化与增加

近年来，物联网（IoT）这个词逐渐得到了普及。在此之前，能够与互联网连接的只有个人电脑、智能手机，或者也有POS机等设备，但现在许多机械设备和家电都搭载了廉价的小型传感器，能够通过互联网发送信息，结果就产生出庞大的数据，也就是我们现在常说的"大数据"。

在工业领域最早利用这些信息提高生产效率的是建筑机械生产企业小松。小松的建筑机械搭载有各种各样的传感器，使小松能够实时地把握设备的运转情况和燃油消耗情况，还能把握零件的磨损度，在设备出现问题之前及时地提醒用户进行更换。

至于IoT未来的发展，大家可以想象一下电视。现在为了检测电视节目的收视率，需要在电视上安装一个专用的设备，由电视调查公司这样专业的调查公司进行检测。检测的样本数量只有东京圈的几百个而已。

但随着传感器的进化，实际有多少人在看电视，其中有多少男性多少女性，有多少老人多少年轻人，甚至看的是现场直播还是录播，在电视节目中间插播广告时观众是否离开了座位等信息都能够把握得一清二楚。

如果上述内容成为现实，那么企业在做广告时候的策略也要进行调整，这将给广告公司带来巨大的影响。这样的情况或许在几年后就会成为现实。

◎ 大数据的收集

随着传感器的不断进化，大数据的收集也变得愈发容易。人们在提起大数据的时候，往往比较关注"大"，但实际上大数据的"实时性"和"全体性"也同样重要。大数据与样本数据的不同之处就在于其囊括所有数据的"全体性"，意味着所有的信息。比如汽车导航软件，软件的开发企业可以收集到所有使用这款导航软件的用户的使用信息和位置信息。

以前要想收集所有的数据在技术上是非常困难的，还需要投入大量的成本。于是人们只能采取样本分析的方法，利用统计学的知识对整体情况进行推测。正如前文中提到过的那样，理想的状态是能够获得300份以上的数据。

但当 AI（或者具有强大处理能力的设备）能够对大数据进行分析之后，人们就可以准确地把握整体情况，而不再需要统计学的推测。不仅如此，以前凭借人力完全无法分析的信息如今也变得能够分析了。

比如像"苹果手表"之类的可穿戴设备，能够收集人类的身体信息并加以分析，在人类感觉困倦的时候会自动发送附近咖啡连锁店的优惠券，或者在发现人体出现某种疾病发作的征兆时与附近的急救医院取得联系等。这些都是人类难以做到的。对于人类无法进行的分析和行动，机械能够做到的时代已经到来。

在这样的时代，身为商务人士要如何进行"分析"呢？接下来我就和大家一起思考这个问题。

AI 大数据时代的分析方法

关于 AI 时代的工作方法，已经有许多书籍进行过讨论，本书将主要针对"分析"这种行为进行讨论。

◎区分机械擅长的事和人类擅长的事

一般来说，"在分工合作时让团队成员做自己擅长的事情，有助于提高整个团队的生产效率"。这种情况同样适用于人类和机械的分工合作。

机械（尤其是计算机和 AI）擅长的是遵照人类制定的规则进行高速且准确的计算。其中"高速"和"准确"这两点是人类绝对无法与之相比的。

另一方面，人类比机械更擅长的事情如图表6-1所示。本书主要以"与分析相关的内容"为中心进行解说。

〈设定课题〉

正如第一章中提到过的那样，"为了分析而分析"和"无法创造价值的分析"都是毫无意义的，所以为分析设定课题是非常重要的工作。机械就无法做到这一点。"人际关系的微妙差异""善恶的判断""让多数人能够接受的方法"等都是计算机不擅长的判断。

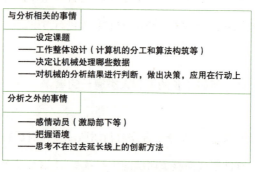

图表6-1 人类擅长的事情

再比如著名的日美纺织品协议（1970年）提出的"将两国间的贸易摩擦问题转变为国内补助金政策"，就是机械绝对无法想到的创新方法。

人类能够在实践过程中觉察到"这不是人才培养的问题，是组织结构的问题"，从而及时地调整方向，但机械并不能在运行过程中擅自改变课题。如果输入的只有与人才培养相关的数据，那么机械就只能给出与人才培养相关的回答。

分析的效果在很大程度上是由课题决定的，因此设定合适的课题，是只有人类才能胜任也最能发挥人类价值的工作。

〈工作整体设计〉

思考哪些部分交给机械完成，哪些部分需要人类自己完成，也是人类的工作。

AI 本身并没有思想，也没有"我想要这样成长"的意志（虽然关于这一点也有人提出了不同的看法，但在本书中以 AI 没有个人意志为前提展开讨论）。此外，为 AI（≈机械学习）的学习设计算法和程序的也是人类。

在机械和人类之间搭建桥梁，将两者有机地结合在一起，是只有人类才能胜任的工作。

〈决定让机械处理哪些数据〉

机械并不能自主地决定"想要处理这些数据"。不管是开发传感器，还是设定输入数据的形式，决定让机械处理哪些数据完全是人类的工作。

当然，开发传感器也是人类为了解决问题而采取的行为，如果人类没有需求，机械并不能自己开发传感器。

AI 的性能取决于过去庞大数据的积累，而决定收集数据的则是人类。这一点至关重要。

〈对机械的分析结果进行判断，做出决策，应用在行动上〉

这也是机械做不到的事情。原因和设定课题部分提到过的一样，最终做出判断和决策的只能是人类。

机械做出的判断，仅限于过去积累了大量数据，并且给出的选项不会造成太大影响的情况（比如为消费者推荐相关产品就是最典型的例子）。如果积累的数据太少，并且可能给经营造成重大影响的情况下，机械就无法做出合适的判断。决定是应该从某事业中撤退还是继续坚持下去，就是最有代表性的例子。

对于每个人都有不同的看法，没有绝对正确答案的问题，最终只有人类才能做出决定。

AI 做出的分析究竟能够在多大程度上取代人类

对于这个问题，就连专家们也是众说纷纭。比如前文中提到过的经营上的重要决策，如果能够收集大量的类似事例，或者将过去的经管学论文都输入到 AI 中，或许 AI 也能给出差不多的结果。

另一方面，人类是只有在感情上接受之后才会开始行动的动物。AI 做出的决策即便是正确的，人类也可能并不会对 AI 言听计从，或者即便被迫遵从 AI 做出的决策也难以产生积极性。

人类除了需要在感情上接受，还对因果关系十分重视。但 AI 运算的内容过于复杂，就连为 AI 设计算法和程序的人类都无法理解其运算的过程。而且 AI 得出的结论往往与人类的直觉存在着巨大的差异。

比如人事部的招聘负责人在对应聘者进行分析之后得出"我们公司的这个事业，应该招聘毕业于○○大学或者△△大学，学生时代参加过体育部的人做营业负责人"的结论，这个结论比较符合人类的直觉，可能很容易让别人接受。

但如果让 AI 来进行判断，可能得出"我们公司的这个事业，最好让姓里面带 K 或 S，7 月到 10 月之间出生，左撇子的人做营业负责人"的结论。即便事实真的如 AI 判断的那样，但这个结论让人听完也会感觉一头雾水。

也就是说，AI 给出的结论即便是正确的，也由于其根据和因果关系处于黑匣子中，让人类难以接受。

像亚马逊的推荐之类，AI 做出的判断，不管消费者是否采纳，对于其个人来说都不会造成太大的影响。如果有需求就买，没有需求就不买。

但组织的重大决策会给很多人造成影响。在需要提供理由的时候，如果说"我也无法明确地对理由进行说明，但 AI 得出了这样的结论"，肯定无法说服他人。

在这个时候，就必须人类出马来解决问题了。

不过，现代人（尤其是 20 世纪 90 年代之后出生的人）

似乎对于让机械来处理麻烦的事情并没有抵触情绪。甚至有的年轻人认为"让 AI 来选择结婚对象比较轻松"（实际上，在婚介领域中拥有丰富的数据资源，非常适合进行数据分析。此外，在遗传基因分析的成本大幅降低的现在，今后很有可能出现根据相互之间的遗传基因来判断是否合适的婚介商业活动）。

本书出版的2018年可以说正处于一个过渡时期。毫无疑问，今后人类依赖机械给出黑匣子分析结果的情况会越来越多。

是应该积极地依赖机械进行判断，还是应该等到机械给出的结果具有一定程度的接受度再说？现在谁也不知道正确答案究竟是什么。

但在今后的时代，如果不了解这些时代的发展变化，作为商务人士来说就是不合格的。正因为没有正确的答案，所以通过思考来找出解决办法的智慧才是人类最宝贵的财富。

结 语

　　日本企业除了部分有竞争力的企业的生产现场之外，可以说都不擅长分析。不仅商业活动领域，在其他领域，比如职业体育领域的新分析指标和方法一般都是从国外（主要是美国）引进的。就连在日本最受欢迎的体育运动职业棒球，采用的分析方法都比美国的大联盟要晚两周左右。

　　为什么会出现这种情况呢？关于这个问题的原因众说纷纭。日本的高度语境文化、重视隐性知识（换句话说就是不擅长显性知识）以及不擅长逻辑辩论的普遍性都是经常被提到的原因。尤其是对日本人来说，分析失败的原因就好像是在寻找责任者一样，为了保证组织的和谐，日本人往往不愿对失败的原因进行分析。

　　除此之外，不擅长要素分解思考和数学，在面对定性的状况分析时习惯用"感觉"来做决策，以及缺乏能够纠正这一现状的人才都是客观存在的事实。还有一点就是合适的分析方法在商业活动中的渗透不足。

本书就是在意识到这些问题的基础上，将 MBA 学习的分析方法进行整理后以书籍的形式出版。虽然目前市面上也有许多与分析相关的优秀著作，但这些书籍大多内容复杂，让人读完之后难以立即掌握。

本书最大的特点就是只集中在商务人士必须掌握的分析的"最关键的部分"，只对关键部分的内容进行解说。虽然从我个人的角度来说还有一些非常希望能够加入进来的内容，但最终都删除了。

正所谓万事开头难。对于不擅长分析的人来说，仅凭本书就想彻底掌握分析的方法是不现实的。可能有许多读者对分析有自己的感触，或者抱有问题意识，还有的读者希望能够再多学习一些内容。对于这样的读者，在实践中磨炼自己分析能力的同时，请再阅读一些相关的专业书籍，或者去商学院进修也是不错的选择。你的努力一定能够得到回报。

在执笔本书的过程中，PHP 研究所的宫胁崇广先生为我提供了巨大的帮助。铃木健一、大岛一树等同僚也给我提供了许多宝贵的启发。在此向诸位表示衷心的感谢。

如果通过本书能够让更多的商务人士发觉到"分析"的有趣之处和威力，将是我最大的荣幸。

顾彼思商学院教授 岛田毅

2018年4月